1   Ernährung bei Dialysebehandlung

Diese Empfehlungen bitte immer mit Ernährungsberater/in, Arzt oder Diätologen/in absprechen! Die Rezepte und Zutatenlisten unterstützen die medizinischen Therapien.

Die Kalorienangaben frischer Zutaten (Obst und Gemüse) und die Inhaltsstoffe schwanken je nach Qualität und Erntezeit. Die Inhalte wurden von einer Diätologin und einer Ernährungsberaterin für die Traditionelle Chinesische Medizin (TCM) geprüft.

Autor:

©2022 Josef Miligui
Liebe Leserinnen und Leser, ich wünsche Ihnen viel Erfolg und gutes Gelingen bei der Umstellung Ihrer Ernährung. Dieses Buch wurde aus eigener Erfahrung mit Krankheit und Ernährung geschrieben und ich habe schon immer das Zubereiten guter Speisen geschätzt. Wenn Sie nicht so geübt sind im Kochen, empfiehlt sich ein Kurs bei Ernährungsberatern oder Diätologen, die Ihnen die Grundlagen der Kochmethoden sowie die richtige Verarbeitung der Zutaten vermitteln können. Anhand der Lebensmittellisten aus diesem Buch können Sie weitere Rezepte entwickeln und entdecken.

Quelle:

Die Listen werden aus der EBNS-Datenbank für die Ernährungsberatung generiert. Die Datenbank wird von Ernährungsberater, Therapeuten und Ärzte für die Beratung der Patienten/Klienten verwendet und ermöglicht eine Kombination mehrerer Syndrome.

Literaturliste:

Wir haben die Unterlagen als Wissensbasis genutzt und an unsere Erfahrungen angepasst und ergänzt.
www.ebns.at

Herstellung und Verlag:

BoD – Books on Demand, Norderstedt
ISBN: 9783837000115

DIÄTETIK - Eiweiß und Elektrolyt - Nieren - (Hämo-) Dialysebehandlung

(Buch: 009)

1.1 Vorwort

Die Weltgesundheitsorganisation (WHO) davon spricht, dass bis zu 80% der Erkrankungen durch äußere Faktoren wie Ernährung, Lebensstil, Umweltgifte und dergleichen beeinflusst werden.

Welche Faktoren also jeder einzelne von uns aktiv beeinflussen kann und somit seine Chancen auf Erhöhung der allgemein Gesundheit erzielen kann, darum geht es auf den folgenden Seiten.

Der Fokus in diesem Buch liegt auf dem Faktor mit der größten Hebelwirkung - der Ernährung.
Schon Hippokrates hat einst gesagt "Lass die Nahrung deine Medizin sein und Medizin deine Nahrung!" Kräuterpädagog:innen heute sagen so: "Es gibt für jede Krankheit das richtige Kraut."

Egal wie wir es drehen und wenden, wir sind was wir essen (und was unser Essen gegessen hat). Der moderne Mensch sieht sich gerne isoliert von seiner Umwelt. Wir entstehen aus unserer Umwelt, wir leben inmitten von ihr und wenn wir sterben gehen wir wieder in unsere Umwelt über. Während wir leben essen wir das, was in unserer Umwelt wächst (oder in Fabriken chemisch erzeugt wird). Diese Nahrung liefert die Energie und Bausteine, für den eigenen Körper, für den Stoffwechsel, Zellerneuerung, den Hormonhaushalt und damit für unser gesamtes Sein, die Gesundheit und unser Empfinden.

Hier ein paar Grundbausteine, bevor in dem Buch noch näher auf Ernährungsfaktoren eingegangen wird, die sozusagen der kleinste gemeinsame Nenner der meisten Ernährungsphilosophien sind:

- Saisonalität
  - Winterpflanzen, wie zum Beispiel verschiedene Kohlgewächse, versorgen uns mit Unmengen von Vitamin C und Bitterstoffen. Zwei Faktoren, die unser Immunsystem bei der Abwehr von der Kälte und den typischen Infekten in der Winterzeit unterstützen.

- Sommerpflanzen wie zum Beispiel Gurken, Tomaten aber auch Zitrusfrüchte kühlen unseren aufgeheizten Körper und versorgen uns mit viel Wasser.
  - Außerdem müssen bei saisonalen Pflanzen weniger chemische Helferlein eingesetzt werden, da die passenden Umweltfaktoren das Wachstum sowieso fördern.
- Regionalität
  - Damit einher geht auch der Faktor der Regionalität. Regionale pflanzliche Lebensmittel werden reif geerntet und haben somit alle Nährstoffe entwickeln können. Im Gegensatz dazu wird Obst und Gemüse aus ferneren Ländern unreif geerntet und nur durch den Einsatz von chemischen Mitteln unnatürlich "nachgereift" - bzw. nur nach-gefärbt. Die Dichte der Nährstoffe und auch der Geschmack kann dabei niemals mit regionalen Lebensmitteln mithalten. (Sie haben es vielleicht schon selber erlebt, dass eine Südfrucht aus dem jeweiligen Ursprungsland dort im Urlaub viel süßer und vollmundiger schmeckt als die gleiche Frucht aus dem zentraleuropäischen Supermarkt).
- Pflanzenbasierte Ernährung
  - Ja, diese Basis teilen selbst die Anhänger der Fleischdiät mit den Veganern. Denn bei der Fleischdiät geht es auch um Fleisch von Tieren, die sich artgerecht, sprich von vielen Gräsern und Kräutern ernährt haben. Die Masse an Getreide in der heutigen Ernährung - egal ob bei Mensch oder Tier - entspricht nicht der natürlichen Ernährungsweise. Sie macht uns krank, dick und manche behaupten sogar dumm (das weist auf die Schädigung der neuronalen Netzwerke hin, die durch den Konsum von Kohlenhydraten passiert hin). Pflanzen im Sinne von Gemüse, Kräutern, Salaten, Sprossen, in geringen Mengen Obst, Nüsse, Samen, etc. liefern neben den viel beschriebenen Vitaminen und Mineralstoffen vor allem sekundäre Pflanzenstoffe, die herausragende Heilwirkung haben. So werden eine Vielzahl unserer Medikamente auf Basis der natürlich vorkommenden Pflanzenstoffe nachgebaut. Allerdings sind da diverse Säuren und andere Wirkstoffe extrahiert und wirken nur alleine - mit den Pflanzen selbst nehmen wir sie in einer

reichhaltigen und sich gegenseitig verstärkenden Kombination vielerlei wirksamer Stoffe zu uns.

Ja zusätzlich zu diesen 3 großen Punkten gibt es immer noch sehr viel zu beachten. Ein optimales Verhältnis von Omega 3 zu Omega 6 Fettsäuren (empfohlen wird 1:3), eine individuell und situationsbedingte Eiweißversorgung und so weiter.

Eine ganz gute und einfache Richtlinie für die alltägliche Ernährung bietet der ideale Teller. Der sieht so aus, dass möglichst jede Mahlzeit zur Hälfte aus pflanzlichen Bestandteilen besteht, ein Viertel der Eiweißversorgung dient und ein Viertel die Mahlzeit durch gute Fette und eventuell Kohlenhydrate abrundet.

Die Feinjustierung rund um die Zubereitungsarten, die Zusammenstellungen und so weiter sehe ich als sehr individuell an. Es gibt meines Erachtens nicht die 1 perfekte Ernährung. Es gibt so viele großartige Philosophien und Studien, die alle wunderbare Heilungen berichten und sich dabei aber gegenseitig ausschließen. Was auf den ersten Blick vielleicht paradox wirkt, eröffnet bei näherer Betrachtung ganz viele Möglichkeiten des Probierens und neuer Chancen.

Neben der Ernährung werden noch folgende Faktoren genannt:
- die Giftstoffbelastung in unserer Umwelt sowie in Pflegeprodukten oder eben in der Ernährung
- eine Balance aus Aktivität, (kurzzeitigem) Stress und der Entspannung wie auch Schlaf
- Aufarbeitung der emotionalen Wunden aus der Vergangenheit und Steigerung der Resilienz
- Biologische Zahnheilkunde
- eine optimierte Versorgung durch Heilkräuter, Heilpilze udgl.
- Früherkennung durch bewährte und schonende Verfahren

1.2 Beschreibung

Ist bei Kreatininwerten von mehr als 15 mg/dl und Harnstoffwerten von mehr als 300 mg/dl notwendig, bei Diabetikern häufig früher, um einen guten körperlichen Zustand zu gewährleisten.
Die Dialysebehandlung übernimmt die Entfernung der harnpflichtigen Stoffe, gleichzeitig werden aber auch essenzielle Substanzen

(Aminosäuren, Elektrolyte, wasserlösliche Vitamine) ausgewaschen. Dies ist bei der Ernährungstherapie zu berücksichtigen.

Eiweiß: 1-1,2 g pro kg Körpergewicht, biologisch hochwertiges Eiweiß bevorzugen;

Natrium: Bei Hypertonie und Ödemen einschränken; Achtung: Salzreiche Kost bewirkt viel Durst, Dialysepatienten sind in ihrer Füssigkeitszufuhr oft eingeschränkt! Salzersatzmittel sind ebenfalls ungeeignet (kaliumreich)!

Kalium: kaliumreiche Lebensmittel meiden, um Hyperkaliämie zu verhindern (Schokolade, Nüsse, Obst- bzw. Obstsäfte– insbesondere Bananen und Trockenfrüchte, Gemüse- und Gemüsesäfte – insbesondere Spinat, Schwammerl bzw. Pilze und Kartoffeln; Kaliumgehalt durch Zubereitung vermindern: Kartoffeln und Gemüse im Wasser liegen lassen, mit viel Wasser kochen, Kochwasser wegschütten, bei Obst- und Gemüsekonserven Saft entfernen, Gemüse blanchieren

Phosphor: Bei Hyperphosphatämie einschränken; besonders phosphatreich sind Schmelzkäse und Schnittkäse, Colagetränk, Bier, Milch- und Milchprodukte, Nüsse und Samen, Innereien, Fleisch- und Wurstwaren (besonders geräucherte), Fisch, Trockenfrüchte, Hülsenfrüchte Kakao, Schokolade, und Vollkornprodukte; Die Einnahme von phosphatbindenden Medikamenten ist häufig notwendig!

1.3 Therapiestrategie

Ausreichende, hochwertige Eiweißzufuhr, Flüssigkeitszufuhr lt. Anweisung des behandelnden Arztes, salzarm, phosphatarm, kaliumarm. Statt Salz werden Kräuter und Gewürze verwendet. Um einem vermehrten Eiweißabbau entgegenzuwirken sollte der Dialysepatient auch auf eine ausreichende Energiezufuhr achten – der Energiequotient sollte dabei bei 35 – 40 kcal pro kg Körpergewicht liegen. Der Anteil der Fette als Energiequelle sollte etwa 35 – 40 Prozent, der Kohlehydrate ca. 40 - 50 Prozent und der Eiweiße etwa 15 bis 20 Prozent betragen.

Obst und Gemüse aus Konserven enthalten halb so viel Kalium wie frisches Obst oder Gemüse. Ebenso ist der Kaliumgehalt von Tiefkühlkost wesentlich geringer als der frischer Nahrungsmittel. Kaliumreduktion durch "Wässern": Kartoffeln oder Gemüse werden kleingeschnitten und über Nacht in der zehnfachen Wassermenge gewässert bzw. es wird das (warme) Wasser mehrfach gewechselt. Gekocht werden sollte mit viel Wasser, ohne dass dieses Kochwasser anschließend weiter verwendet wird. Durch diese Maßnahmen kann der

Kaliumgehalt in Gemüse um bis zu 2/3 gesenkt werden.
Die Eiweißzufuhr für Dialysepatienten sollte vor allem biologisch hochwertiges Eiweiß enthalten wie Fleisch, Fisch, Geflügel, Eier, Milch und Milchprodukte.
Die tägliche Trinkmenge richtet sich nach der Urinausscheidung innerhalb von 24 Stunden. So viel Flüssigkeit, wie Sie ausscheiden, sollten Sie dem Körper auch wieder zuführen - plus etwa einen halben Liter zusätzlich pro Tag. Bedenken Sie dabei jedoch, dass Sie einen Teil des Flüssigkeitsbedarfs auch über die Nahrung abdecken.

1.4 Vermeiden

Kalium- bzw. phosphatreiche Getränke und Lebensmittel wie z.B. Salz, Nüsse, Müsli, Haferflocken, Trockenobst, Gemüse- und Obstsäfte, Bananen, Marillen, nicht entsprechend zubereitete Kartoffeln oder Gemüse, frische oder getrocknete Pilze und Schwammerl, Kartoffelfertigprodukte (Kartoffelpüree, Kartoffelknödel), Kartoffelchips, Innereien, Eigelb, Schmelzkäse, Kochkäse, Salzstangen, Laugenbrezel, Salzgurken, geräucherte und gepökelte Fleisch- und Fischwaren wie roher Schinken, Mettwurst, Sardellen oder Salzheringe, Fertiggerichte, Fertigsuppen, Brühwürfel, Fertigsoßen und Ketchup.

2 Speiseplan

Kkal. p. Portion

2.1 Frühstück

Astronautenkost 1045,0
Couscous-Salat 338,2
Dicke Erbsensuppe für den Winter 123,6
Gekochter Selleriesalat mit exotischen Gewürzen 165,1
Geröstete Hirse mit Pflaumenkompott 139,3
Gerstenbrei mit Pflaumen 106,8
Gersten-Gemüse-Suppe 281,3
Hafer-Congee 162,1
Karotten-Risotto 308,5
Nudel-Auflauf mit Quark und Pfirsichen 442,4
Pikante Avocadocreme mit Hüttenkäse 613,8
Pikante Tofu-Gemüse-Pfanne 241,4
Quarkknödel auf Erdbeermus 553,3
Reis mit Pastinake 206,5
Schnellpolenta mit Avocado und Frühlingszwiebel 449,5
Vanillecreme mit Beeren 282,1
Weizengrießklößchen mit Olivenkräutersoße und Salat 244,8

2.2 Jause

Karotten-Kartoffel-Rucola Brötchen 94,0
Rhabarberkuchen mit Streuseln 475,8
Zwetschgenkuchen 502,5

2.3 Mittag

Basmatireis + Zucchini-Tofupfanne 145,9
Brokkolicrèmesuppe 98,0
Couscous-Salat 338,2
Dicke Erbsensuppe für den Winter 123,6
Ente mit Mungbohnen 746,7
Fischsuppe mit Rosmarin 271,3
Gekochter Selleriesalat mit exotischen Gewürzen 165,1
Gelbe Linsensuppe 155,1
Gemüseeintopf mit provenzalischer Pistou 137,9
Geröstete Hirse mit Pflaumenkompott 139,3

2.4 Nachmittag

2.5 Abend

3 Rezepte

empfehlenswert = Sie können mehr verwenden
wenig = wenn möglich weniger verwenden
weniger als angegeben = möglichst nicht verwenden

3.1 Astronautenkost

Eiweißreiche Trinknahrung mit sehr hoher Energiedichte. Optimierter Eiweißanteil gleicht Stickstoffverluste aus und fördert die Proteinanabolie.

Anzahl Portionen: 1
Kalorien p. Portion 1.045
Gramm p. Portion 250
Kochdauer ca. 5 Min.
Allergene:
(Kohlehydrat:39,13% / Eiweiß & Fett:60,87%)
100g.≈ Eiweiß 115g. Fett:25g.
µg. - Ph:900 Na:290 Ka:1070 Mg:0 Ca:0 Fe:0 Zn:0 Col.:0 Hsr.:0

Zutaten:
Astronautenkost 1 Paket / 250g. (ja)

Kochanleitung:
Nur nach Anweisung des Arztes oder Therapeuten verwenden.

3.2 Basmatireis + Zucchini-Tofupfanne

Harntreibend, harmonisiert Milz und Magen, lindert Blähungen. Gut bei Übergewicht und Bluthochdruck. Antioxidativ, fördert Verdauung, entgiftet, stärkt Säfteproduktion, treibt Schweiß, reduziert Blutfett, stärkt Magen.

Anzahl Portionen: 4
Kalorien p. Portion 146
Gramm p. Portion 306,75
Kochdauer ca. 20 min.
Allergene: E
(Kohlehydrat:56,62% / Eiweiß & Fett:43,38%)
100g.≈ Eiweiß 7,95g. Fett:4,89g.
µg. - Ph:13,21 Na:0,7 Ka:33,77 Mg:10,99 Ca:11,98 Fe:0,34 Zn:0,02 Col.:0 Hsr.:7,75

Zutaten:
Soja Tofu 250 g. / 250g. (ja)
Olivenöl 2 EL / 6g. (ja)
Koriander 1/2 TL / 4g. (ja)
Ingwer frisch 1/2 TL / 4g. (ja)
Reis Basmatireis 1/2 Tasse / 60g. (ja)
Wasser 3 Tassen / 200g. (wenig)
Zucchini 1 Stück / 700g. (ja)

Kochanleitung:
Tofu würfelig schneiden und mit Olivenöl, Tamari, zerstoßenem
Koriander und Ingwer marinieren und mindestens 1 Std. ziehen lassen.
Basmatireis im Wasser kochen und evtl. mit Zwiebel und Kardamom
würzen. Zucchini und Tofu in einer Pfanne in heißem Öl ca. 5-7 Min.
rösten und auf Tellern getrennt vom Reis anrichten. Petersilie
drüberstreuen. Kann auch kalt als Salat für zuhause oder unterwegs
verwendet werden.

3.3 Brokkolicrèmesuppe

Gegen Thrombose, fördert Schilddrüsenfunktion, stärkt das
Immunsystem, fördert Aufbau und Erhalt von gesunden Knochen,
Zähnen, Haaren und Nägeln. Senkt Blutdruck.
Anzahl Portionen: 6
Kalorien p. Portion 98
Gramm p. Portion 251,25
Kochdauer ca. 30 min.
Allergene: LO
(Kohlehydrat:78,7% / Eiweiß & Fett:21,3%)
100g.≈ Eiweiß 4,18g. Fett:1,91g.
µg. - Ph:6,81 Na:2,68 Ka:26,22 Mg:8,36 Ca:32,5 Fe:0,16 Zn:0,01 Col.:0 Hsr.:2,7

Zutaten:
Olivenöl 2-3 EL / 7g. (ja)
Brokkoli 500 g. / 500g. (wenig)
Karotte (Mohrrübe, Möhre) 2 Stück / 150g. (ja)
Kartoffel 2 Stück / 120g. (wenig)
Zwiebel weiss 1 Stück / 50g. (ja)
Wasser 1 Tasse / 50g. (wenig)
Grundrezept für eine Gemüsebrühe nahrhaft 1/2 Liter / 500g. (wenig)
Weißwein 1/8 Liter / 125g. (wenig)
Salbei 1 TL / 2g. (ja)
Rosmarin 1 TL / 2g. (ja)
Pfeffer gemahlen 1 Prise / 0,5g. ()
Salz 1 Prise / 1g. (wenig)

Kochanleitung:
Olivenöl in die Pfanne geben, den gewaschenen und in Stücke
geschnittenen Brokkoli, gewürfelte Karotten und Kartoffeln zugeben,
kurz andünsten, klein geschnittene Zwiebel zufügen und alles
mindestens drei fingerbreit mit Wasser auffüllen. Mit Brühe und ganz
wenig Weißwein aufgießen und mit Salz, geschnittenem Salbei und
Rosmarin würzen, aufkochen lassen und auf kleinem Feuer ca. 25 Min.
köcheln lassen. Mit Pfeffer und evtl. noch mal Meersalz würzen und
alles pürieren.

3.4   Couscous-Salat

Bakterizid, beugt Krebs vor, stärkt Magensaftproduktion, fördert
Verdauung, regt Leberfunktion an, senkt Blutdruck, stärkt
Immunsystem, reduziert Strahlenverletzungen, harntreibend.

Anzahl Portionen: 3
Kalorien p. Portion 338
Gramm p. Portion   285,67
Kochdauer ca.   25 Min.
Allergene: A
(Kohlehydrat:75,44% / Eiweiß & Fett:24,56%)
100g.≈ Eiweiß 12,22g. Fett:7,11g.
µg. - Ph:15,3 Na:17,27 Ka:83,68 Mg:6,5 Ca:21,3 Fe:0,46 Zn:0,07 Col.:0 Hsr.:13,69

Zutaten:
Wasser 250 ml. / 100g. (wenig)
Olivenöl 1 EL / 15g. (ja)
Couscous 200 g / 200g. (ja)
Zitrone Saft 3 EL / 30g. (ja)
Zitrone Schale 1 TL / 2g. (ja)
Tomate 2 Stück / 80g. (ja)
Gurke 100 g. / 100g. (ja)
Karotte (Mohrrübe, Möhre) 100 g. / 100g. (ja)
Petersilie 1 Bund / 100g. (ja)
Lauchzwiebel Schnittlauch 1 Bund / 100g. (ja)
Pfefferminze 3 Äste / 30g. (ja)

Kochanleitung:
In einem kleinen Topf 250 ml Wasser mit Salz und 1 EL Olivenöl zum
Kochen bringen. Couscous einrühren, vom Herd nehmen und
zugedeckt 5 Min. quellen lassen. Couscous zurück auf den Herd stellen
und bei milder Hitze weitere ca. 2 Min. unter ständigem leichten Rühren
ziehen lassen. Eventuell noch 1-3 EL heißes Wasser untermischen.
Couscous mit Zitronensaft, kleingehackter Zitronenschale und 1 EL Öl

vermischen, mit Salz und Pfeffer abschmecken und etwas durchziehen lassen. Couscous mit gewürfelten Tomaten und Gurken, geriebenen Karotten, Petersilie, Schnittlauch und Minze (fein gehackt) vermischen. Couscous-Salat mit Zitronensaft, Salz und Pfeffer abschmecken.

3.5 Dicke Erbsensuppe für den Winter

Stärkt Leber, Nieren und Abwehrkraft. Ist harntreibend, entgiftend, löst Stagnation, fördert Durchblutung.

Anzahl Portionen: 3
Kalorien p. Portion 124
Gramm p. Portion 255
Kochdauer ca. 2-3 Stunden
Allergene: AN
(Kohlehydrat:46,79% / Eiweiß & Fett:53,21%)
100g.≈ Eiweiß 4,37g. Fett:7,31g.
µg. - Ph:10,32 Na:0,75 Ka:22,49 Mg:3,65 Ca:4,66 Fe:0,17 Zn:0,04 Col.:0 Hsr.:15,62

Zutaten:
Erbse, grün 150 g. / 150g. (ja)
Wasser 600 ml. / 550g. (wenig)
Sesamöl 1 EL / 20g. (wenig)
Zwiebel weiss 1/2 Stück / 25g. (ja)
Ingwer frisch 1/2 TL / 1g. (ja)
Kümmel 1/2 TL / 1g. (ja)
Hafer Schrot 1 EL / 15g. (ja)
Salz 1 Prise / 1g. (wenig)
Petersilie 1 Stängel / 2g. (ja)

Kochanleitung:
Erbsen vorher einweichen. Sesamöl in einem Topf erhitzen und kleingeschnittene Zwiebel, Haferschrot, Ingwer und Kümmel darin anbraten. Erbsen zugeben und 2-3 Std. köcheln. Am Ende Salz zufügen und mit Petersilie garnieren.

3.6 Ente mit Mungbohnen

Stärkt Blut, Magen, Milz, Leber und Immunsystem, senkt Blutdruck, ist harntreibend und bakterizid, löst Stagnation.

Anzahl Portionen: 5
Kalorien p. Portion 747
Gramm p. Portion 354,3
Kochdauer ca. 2 Stunden
Allergene: E
(Kohlehydrat:19,51% / Eiweiß & Fett:80,49%)
100g.≈ Eiweiß 56,76g. Fett:46,02g.
µg. - Ph:40,1 Na:8,17 Ka:39,36 Mg:10,47 Ca:7,18 Fe:0,4 Zn:0,05 Col.:2,15 Hsr:34,55

Zutaten:
Ente (Frühmastente, schlachtfrisch) 1/2 Stück / 1250g. (wenig)
Zwiebel weiss 2 Stück / 120g. (ja)
Karotte (Mohrrübe, Möhre) 1 Stück / 120g. (ja)
Knoblauch 1 Zehe / 3g. (ja)
Mungbohne 250 g. / 250g. (ja)
Pfeffer Körner 3 Stück / 2g. (ja)
Honig 1 TL / 3g. (ja)
Sojasauce 1 TL / 3g. (wenig)
Zitrone Saft 1 TL / 3g. (ja)
Salz 1 Prise / 1g. (wenig)
Pfeffer gemahlen 1 Prise / 0,5g. ()
Olivenöl 1 EL / 10g. (ja)
Lorbeerblatt 2 Blätter / 2g. (ja)
Schwarzkümmel 1 Prise / 1g. (ja)
Bohnenkraut 1 TL / 2g. (ja)

Kochanleitung:
Mungbohnen am Vortag einweichen. Die Ente kalt abspülen, das
Gemüse waschen, putzen und in grobe Stücke schneiden. Das Fleisch
und das Gemüse in einen Topf geben und knapp mit Wasser bedecken.
Lorbeerblätter, Bohnenkraut, Beifuß und Pfefferkörner zugeben, bei
mittlerer Hitze aufkochen und weitere 45 Min. kochen lassen. Ab und zu
abschäumen. Die Ente aus dem Fond nehmen, erkalten lassen und
über Nacht kühl aufbewahren. Die gehackten Zwiebel in einem Topf in
Olivenöl anschwitzen und mit 250 ml Fond aufgießen. Das vorgekochte
Gemüse und die Mungbohnen zugeben und mit Honig, Sojasoße,
Zitronensaft, Salz, zerstoßenem Schwarzkümmel und Pfeffer
abschmecken. Mit Reis oder Kartoffeln servieren.

3.7 Fischsuppe mit Rosmarin

Stärkt Magen, Milz und Leber, senkt Blutdruck, bakterizid, stärkt
Immunsystem, beugt Krebs vor, reduziert Strahlenverletzungen, ist
cholesterinarm und eiweißreich, fördert Durchblutung, regt Appetit an,
antioxidativ, löst Stagnation.
Anzahl Portionen: 4
Kalorien p. Portion   271
Gramm p. Portion   284,25
Kochdauer ca.   30 Min.
Allergene: DLO
(Kohlehydrat:38,39% / Eiweiß & Fett:61,61%)
100g.≈ Eiweiß 15,39g. Fett:14,78g.
µg. - Ph:19,71 Na:7,22 Ka:47,56 Mg:3,06 Ca:5,32 Fe:0,13 Zn:0,03 Col.:0,01 Hsr.:14,36

Zutaten:
Grundrezept für eine Fischbrühe 1/2 Liter / 500g. (wenig)
Rosmarin 1/2 Bund / 7g. (ja)
Zwiebel Frühlingszwiebel 1 Stück / 20g. (ja)
Olivenöl 2 EL / 35g. (ja)
Fischstücke gemischt (Süßwasser) 250 g. / 250g. (wenig)
Karotte (Mohrrübe, Möhre) 1 Stück / 120g. (ja)
Pastinake 1 Stück / 180g. (wenig)
Sellerie Knolle 1 Scheibe / 20g. (ja)
Salz 1 Prise / 1g. (wenig)
Pfeffer Körner 2 Stück / 1g. (ja)
Knoblauch 1 Zehe / 3g. (ja)

Kochanleitung:
Zwiebel und Knoblauch in Öl glasig braten und mit Fischbrühe
aufgießen. Gewürfelte Karotte, Pastinake und Sellerie hinzugeben. Mit
Salz und Pfefferkörnern würzen. Die Suppe 25 Min. bei schwacher
Hitze köcheln lassen. Den Fisch waschen, mit Zitronensaft beträufeln,
in Stücke teilen und mit dem abgezupften Rosmarin in die Suppe
geben. Alles 5 Min. bei schwacher Hitze garen. Schnittlauch und
Petersilie dazugeben und die Suppe mit dem Salz abschmecken.

3.8 Gekochter Selleriesalat mit exotischen Gewürzen

Stärkt Magen, bindet Wasser im Darm, antibakteriell, blutbildend,
blutreinigend, entzündungshemmend, harntreibend, fördert
Durchblutung.
Anzahl Portionen: 4
Kalorien p. Portion 165
Gramm p. Portion 341,12
Kochdauer ca. 30 Min.
Allergene: GLMNO
(Kohlehydrat:47,77% / Eiweiß & Fett:52,23%)
100g.≈ Eiweiß 5,56g. Fett:9,14g.
µg. - Ph:13,51 Na:24,66 Ka:69,44 Mg:3,02 Ca:20,16 Fe:0,1 Zn:0,01 Col.:0,2 Hsr.:12,08

Zutaten:
Sellerie Knolle 1 1/2 Stück / 900g. (ja)
Joghurt (natur, 3,5 % Fett) 1 Becher / 250g. (ja)
Sauerrahm 15% Fett 2 EL / 20g. (ja)
Kurkuma (Gelbwurz) 1 Prise / 1g. (ja)
Sesamöl 1 EL / 20g. (wenig)
Pfeffer gemahlen 1 Prise / 0,5g. ()
Zitronengras 1 Prise / 1g. (ja)

Zwiebel weiss 1/2 Stück / 25g. (ja)
Senf 1/2 TL / 1g. (wenig)
Schwarzkümmel 1 Prise / 1g. (ja)
Salz 1 Prise / 1g. (wenig)
Zitrone Saft 1 Stück / 40g. (ja)
Apfel (sauer) 1/2 Stück / 100g. (wenig)
Paprika (Rosenpaprikapulver) 1 Prise / 1g. (ja)
Essig (Apfelessig) 1 Schuss / 3g. (ja)

Kochanleitung:
Den Sellerie waschen, schälen und in dicke Scheiben schneiden. In
heißem Wasser gar kochen und in längliche, mundgerechte Streifen
schneiden. Dressing: Etwas Joghurt, Sauerrahm, Kurkuma, Sesamöl,
Pfeffer, Zitronengraspulver, fein geschnittene Zwiebel, etwas Senf,
Salz, zerstoßenen Schwarzkümmel, etwas kaltes Wasser, Zitronensaft
oder Essig gut vermengen. Den halben säuerlichen Apfel
kleingeschnitten, etwas Rosenpaprika und den lauwarmen Sellerie
dazugeben und gut vermischen. 2-3 Std. oder über Nacht ziehen
lassen. Ideal als Ersatz für Rohkost, auf die man wegen
Verdauungsschwäche verzichten möchte.

3.9   Gelbe Linsensuppe

Stärkt Milz, Herz und Nieren, harntreibend, beruhigt den Magen, fördert
Verdauung, stärkt Immunsystem, beugt Krebs vor, reduziert
Strahlenverletzungen, regt Leberfunktion an, antioxidativ.
Anzahl Portionen: 7
Kalorien p. Portion   155
Gramm p. Portion   324
Kochdauer ca.   20 min.
Allergene: A
(Kohlehydrat:73% / Eiweiß & Fett:27%)
100g.≈ Eiweiß 7,59g. Fett:1,91g.
µg. - Ph:0,84 Na:1,47 Ka:3,19 Mg:0,35 Ca:0,64 Fe:0,02 Zn:0,01 Col.:0 Hsr.:1,11

Zutaten:
Linsen gelb 1/2 Kg. / 500g. (ja)
Karotte (Mohrrübe, Möhre) 2 Stück / 150g. (ja)
Kohlrabi 1 Stück / 300g. (ja)
Zwiebel weiss 1 Stück / 50g. (ja)
Petersilie 1/2 Bund / 100g. (ja)
Kurkuma (Gelbwurz) 1 Prise / 1g. (ja)
Kardamom 1 Prise / 1g. (wenig)
Salz 1 Prise / 1g. (wenig)
Olivenöl 1 EL / 10g. (ja)

Wasser 1 Liter / 1000g. (wenig)
Zitrone Saft 1/2 Stück / 15g. (ja)
Weißbrot (Weizenbrot) 7 Scheiben / 140g. (ja)

Kochanleitung:
Linsen gründlich in einem Sieb waschen. In einem Topf Öl erhitzen, fein geschnittene Zwiebel, in Scheiben geschnittene Karotten, in Würfel geschnittenen Kohlrabi und Gewürze kurz darin anbraten und salzen. Linsen dazugeben und mit Wasser bedeckt 20 Min. köcheln lassen. Nach Bedarf mit Wasser ergänzen und mit Salz abschmecken. Mit frischer Petersilie oder frischem grünen Koriander bestreuen und mit Zitronensaft beträufeln. Hier kann man auch rote Linsen verwenden (gleiche Kochzeit). Mit Weißbrot servieren.

3.10 Gemüseeintopf mit provenzalischer Pistou

Stärkt Magen, Milz und Leber, senkt Blutdruck, bakterizid, stärkt Immunsystem, löst Stagnation, lindert Verstopfung.
Anzahl Portionen: 8
Kalorien p. Portion 137
Gramm p. Portion 323,12
Kochdauer ca. 1 1/2 Stunden
Allergene: AGL
(Kohlehydrat:75% / Eiweiß & Fett:25%)
100g.≈ Eiweiß 5,89g. Fett:6,34g.
µg. - Ph:0,65 Na:0,64 Ka:2,48 Mg:1,06 Ca:4,28 Fe:0,02 Zn:0 Col.:0,01 Hsr.:0,25

Zutaten:
Tomate 200 g. / 200g. (ja)
Olivenöl 2 EL / 30g. (ja)
Knoblauch 1 Zehe / 5g. (ja)
Toastbrot (Vollkorn) 1 Scheibe / 5g. (wenig)
Parmesan 30 g. / 30g. (weniger als angegeben)
Basilikum (frisch) 1 Bund / 125g. (ja)
Salz 1 Prise / 2g. (wenig)
Pfeffer gemahlen 1 Prise / 1g. ()
Oregano getrocknet 1 TL / 3g. (ja)
Grundrezept für eine Gemüsebrühe 1 1/4 Liter / 1250g. (wenig)
Karotte (Mohrrübe, Möhre) 150 g. / 150g. (ja)
Sellerie Knolle 100 g. / 100g. (ja)
Brokkoli 200 g. / 200g. (wenig)
Fenchel 1 Stück / 250g. (ja)
Thymian getrocknet 1/2 TL / 2g. (ja)
Oregano getrocknet 1/2 TL / 2g. (ja)
Lorbeerblatt 1 Stück / 0,5g. (ja)

Erbse, grün 50 g. / 50g. (ja)
Zwiebel Frühlingszwiebel 4 Stück / 80g. (ja)
Kartoffel 100 g. / 100g. (wenig)

Kochanleitung:
Soße: Tomaten abziehen, in kleine Stücke schneiden und zusammen
mit fein gehacktem Knoblauch in Olivenöl ein wenig einkochen.
Toastbrot (zerkrümelt), frischen fein geriebenen Parmesan, fein
geschnittenen Basilikum, Oregano, Salz und Pfeffer dazugeben. Suppe:
Gemüsebrühe nach Grundrezept zum Kochen bringen, in grobe
Scheiben geschnittene Karotten, würfelig geschnittenen Sellerie,
würfelig geschnittene Kartoffel, kleine Röschen Brokkoli,
kleingeschnittene Fenchelknolle, Erbsen, Thymian, Oregano und das
Lorbeerblatt hinzufügen und 10 Min. kochen lassen. Frühlingszwiebeln
in dünne Ringe geschnitten zufügen und weitere 2 Min. mitkochen.
Einige Esslöffel Soße in eine Suppenschüssel füllen und kochend heiße
Brühe damit verrühren. Nach und nach die Soße mit der Suppe
mischen.

3.11 Geröstete Hirse mit Pflaumenkompott

Harntreibend, stärkt Milz und Nieren, stärkt die Abwehr, gut bei
Pilzinfektionen.
Anzahl Portionen: 4
Kalorien p. Portion   139
Gramm p. Portion   218,25
Kochdauer ca.   30 Min.
Allergene:
(Kohlehydrat:85% / Eiweiß & Fett:15%)
100g.≈ Eiweiß 3,57g. Fett:1,24g.
µg. - Ph:2,99 Na:0,1 Ka:4,37 Mg:1,68 Ca:0,78 Fe:0,09 Zn:0,03 Col.:0 Hsr.:0,93

Zutaten:
Hirse 1 Tasse / 120g. (ja)
Wasser 2 Tassen / 250g. (wenig)
Pflaume 2 Tassen / 250g. (wenig)
Vanilleschote 1 Prise / 1g. (ja)
Wasser 250 g. / 250g. (wenig)
Zimtpulver 1 Prise / 1g. (ja)
Acerola Fruchtnektar oder Pulver 1/2 TL / 1g. (wenig)

Kochanleitung:
Hirse kurz anrösten, mit Wasser übergießen, kurz aufkochen und 20
Min. quellen lassen. Pflaumen mit Wasser, Vanille und Zimt 10 Min.
kochen und abseihen. Acerola dazugeben und zu der Hirse reichen.

3.12 Gerstenbrei mit Pflaumen

Stärkt Milz und Magen, kühlt Blase, harntreibend, befeuchtet Darm, entspannt, reduziert innere Hitze, produziert Körpersäfte, befeuchtet Lunge, reduziert innere Trockenheit.

Anzahl Portionen: 5
Kalorien p. Portion 106
Gramm p. Portion 289,6
Kochdauer ca. 25 Min.
Allergene: AG
(Kohlehydrat:81% / Eiweiß & Fett:19%)
100g.≈ Eiweiß 3,15g. Fett:1,57g.
µg. - Ph:1,2 Na:0,1 Ka:2,2 Mg:0,44 Ca:0,34 Fe:0,01 Zn:0,01 Col.:0,04 Hsr.:0,42

Zutaten:
Wasser 10 Tassen / 1200g. (wenig)
Gerste 1 Tasse / 120g. (ja)
Pflaume 1 Tasse / 120g. (wenig)
Butter Bio 2 TL / 6g. (ja)
Zucker Ursüße (Zuckerrohr) süß 1/2 TL / 2g. (ja)

Kochanleitung:
Die Gerste zu grobem Schrot mahlen und trocken anrösten. Heißes Wasser aufgießen und bei wenig Hitze zu einem Brei quellen lassen. Am Ende Pflaumen, etwas Butter und Süßmittel zugeben. Variante: Wenn es morgens schnell gehen soll, kann man an Stelle von Schrot Gerstenflocken verwenden.

3.13 Gersten-Gemüse-Suppe

Nährt Blut, harntreibend, entgiftet, stärkt Milz und Leber, senkt Blutdruck, bakterizid, stärkt Immunsystem, beugt Krebs vor, reduziert Strahlenverletzungen, fördert Verdauung, hilft Fett zu verdauen, harmonisiert Stoffwechsel.

Anzahl Portionen: 3
Kalorien p. Portion 281
Gramm p. Portion 304
Kochdauer ca. 2 Stunden
Allergene: AGL
(Kohlehydrat:73% / Eiweiß & Fett:27%)
100g.≈ Eiweiß 11,93g. Fett:5,74g.
µg. - Ph:9,75 Na:1,36 Ka:21,85 Mg:3,27 Ca:3,09 Fe:0,14 Zn:0,08 Col.:0,09 Hsr.:9,52

Zutaten:
Gerste 1 Tasse / 120g. (ja)
Shiitake, getrocknet 4 g. / 4g. (ja)
Zwiebel Schalotte 1 Stück / 20g. (ja)
Cumin (Kreuzkümmel) 1 Messerspitze / 0,5g. (ja)
Sonnenblumenöl 1 EL / 10g. (wenig)
Wasser 300 ml / 250g. (wenig)
Sellerie Stangensellerie 2 Äste / 20g. (ja)
Erbse, grün 250 g. / 250g. (ja)
Tomate 1 Stück / 50g. (ja)
Karotte (Mohrrübe, Möhre) 2 Stück / 150g. (ja)
Stangenbohnen (Fisolen) 1 Handvoll / 30g. (wenig)
Salz 1 Prise / 1g. (wenig)
Pfeffer gemahlen 1 Prise / 0,5g. ()
Petersilie 1 TL / 3g. (ja)
Butter Bio 1 TL / 3g. (ja)

Kochanleitung:
Gerste am Abend einweichen. Am nächsten Tag die Pilze separat
einweichen. Zwiebel und Cumin in Öl bräunen, dann mit Wasser
aufkochen. Das kleingeschnittene Gemüse, etwas Salz, die Gerste und
die Shiitakepilze hinzufügen und alles zu einer dicken Suppe weich
kochen. Am Ende mit Pfeffer, Petersilie und etwas Butter
abschmecken.

3.14 Grundrezept für eine Fischbrühe

Kräftigt Nieren, harntreibend, senkt Blutdruck, bakterizid, stärkt
Immunsystem, beugt Krebs vor, reduziert Strahlenverletzungen, fördert
Durchblutung, ist cholesterinarm, eiweißreich und regt Appetit an.
Anzahl Portionen: 5
Kalorien p. Portion 128
Gramm p. Portion 243,8
Kochdauer ca. 40 min.
Allergene: DLO
(Kohlehydrat:33,81% / Eiweiß & Fett:66,19%)
100g.≈ Eiweiß 9,81g. Fett:5,2g.
µg. - Ph:14,91 Na:7,09 Ka:31,5 Mg:2,39 Ca:4,63 Fe:0,11 Zn:0,02 Col:0,01 Hsr.:11,94

Zutaten:
Fischstücke gemischt (Süßwasser) 300 g. / 300g. (wenig)
Sellerie Knolle 120 g. / 120g. (ja)
Lauch (Porree) 5 cm / 10g. (ja)
Karotte (Mohrrübe, Möhre) 2 Stück / 150g. (ja)
Weißwein 1/8 Liter / 125g. (wenig)
Zitrone 1/2 Stück / 50g. (ja)
Lorbeerblatt 2 Blätter / 2g. (ja)
Pfeffer Körner 3 Stück / 2g. (ja)
Olivenöl 1 EL / 10g. (ja)
Wasser 1/2 Liter / 450g. (wenig)

Kochanleitung:
Kleingeschnittenen Sellerie, Karotten und Lauch in Olivenöl andünsten,
Lorbeerblatt und Pfefferkörner zugeben, Fischstücke zufügen und kurz
mitdünsten. Mit Wasser ablöschen, wenig Weißwein oder Zitrone
zugeben und 30 Min. leise köcheln lassen. Mehrmals den entstehenden
Schaum abschöpfen. Am Ende die Zutaten durch ein Sieb abseihen.

3.15 Grundrezept für eine Hühnerbrühe (wärmend)

Stärkt Blut, baut Milz und Magen auf, stärkt Knochenmark, senkt
Blutdruck, bakterizid, stärkt Immunsystem, beugt Krebs vor, reduziert
Strahlenverletzungen, fördert Schwitzen, löst Stagnation. Gut bei
Appetitlosigkeit und Blähungen.
Anzahl Portionen: 9
Kalorien p. Portion 90
Gramm p. Portion 244,89
Kochdauer ca. 2-3 Stunden
Allergene: L
(Kohlehydrat:10,44% / Eiweiß & Fett:89,56%)
100g.≈ Eiweiß 15,69g. Fett:11,57g.
µg. - Ph:7,72 Na:5,27 Ka:16,86 Mg:1,2 Ca:3,41 Fe:0,1 Zn:0 Col.:0,25 Hsr.:8,27

Zutaten:
Huhn Fleisch 1/2 Stück / 600g. (wenig)
Karotte (Mohrrübe, Möhre) 2 Stück / 150g. (ja)
Lauch (Porree) 1 Stange / 45g. (ja)
Sellerie Knolle 1 Stück / 500g. (ja)
Ingwer frisch 2 Scheiben / 2g. (ja)
Bockshornklee 1 TL / 2g. (ja)
Wacholderbeere 1 TL / 3g. (ja)
Lorbeerblatt 3 Stück / 2g. (ja)
Wasser 1 Liter / 900g. (wenig)

Kochanleitung:
Hühnerteile von Fett befreien, in einen Topf mit heißem Wasser geben, kurz aufkochen lassen und entstehenden Schaum abschöpfen. Grob geschnittenes Gemüse und alle Gewürze zugeben und 2-3 Std. bei mittlerer Hitze kochen, dann alles abseihen. Tipp: Wenn Sie das Fleisch als Suppeneinlage verwenden möchten, bereits nach 45 Min. herausnehmen und nur die Knochen in der Suppe lassen.

3.16 Grundrezept für eine nahrhafte Gemüsebrühe

Senkt Blutdruck und Blutfett, bakterizid, stärkt Immunsystem, beugt Krebs vor, stärkt Magen, löst Stagnation, hilft bei Appetitlosigkeit, Blähungen, Bluthochdruck, Depressionen, Diabetes, Durchfall.
Anzahl Portionen: 5
Kalorien p. Portion 48
Gramm p. Portion 240,6
Kochdauer ca. 2-3 Stunden
Allergene: L
(Kohlehydrat:71,3% / Eiweiß & Fett:28,7%)
100g.≈ Eiweiß 1,57g. Fett:1,31g.
µg. - Ph:4,86 Na:3,67 Ka:25,68 Mg:1,8 Ca:6,32 Fe:0,1 Zn:0,01 Col.:0 Hsr.:2,78

Zutaten:
Olivenöl 1 EL / 4g. (ja)
Zwiebel weiss 1 Stück / 60g. (ja)
Karotte (Mohrrübe, Möhre) 3 Stück / 200g. (ja)
Pastinake 150 g. / 150g. (wenig)
Sellerie Knolle 1 Tasse / 100g. (ja)
Ingwer frisch 1/2 TL / 2g. (ja)
Zitrone 1/2 Stück / 25g. (ja)
Wacholderbeere 6 Stück / 6g. (ja)
Thymian getrocknet 1 Prise / 1g. (ja)
Liebstöckel 1 EL / 3g. (ja)
Lorbeerblatt 2 Blätter / 1g. (ja)
Salz 1 Prise / 1g. (wenig)
Wasser 3/4 Liter / 650g. (wenig)

Kochanleitung:
Gemüse würfelig schneiden. Öl in einem Topf erhitzen, die Zwiebel und das Gemüse darin anbraten, Ingwer und Lorbeer zugeben. Mit kaltem Wasser aufgießen, Zitronensaft zufügen und mit Wacholder, Thymian und Liebstöckel würzen. 2-3 Std. auf kleiner Stufe zugedeckt köcheln lassen. Brühe durch ein Sieb streichen und im Kühlschrank aufbewahren. Sie dient als Suppengrundlage und verfeinert Gemüse, Hülsenfrüchte oder Getreide.

3.17 Hafer-Congee

Stärkt Abwehrkraft, unterstützt Wehen.

Anzahl Portionen: 3
Kalorien p. Portion 162
Gramm p. Portion 275
Kochdauer ca. 2-4 Stunden
Allergene: A
(Kohlehydrat:73,58% / Eiweiß & Fett:26,42%)
100g.≈ Eiweiß 7,04g. Fett:2,88g.
µg. - Ph:17,27 Na:0,69 Ka:17,93 Mg:6,8 Ca:5,45 Fe:0,3 Zn:0,09 Col.:0 Hsr.:7,53

Zutaten:
Hafer 1 Tasse / 125g. (ja)
Wasser 6 Tassen / 700g. (wenig)

Kochanleitung:
Hafer und Wasser in einem Verhältnis von etwa 1:6 kochen. Die Menge
des Wassers bestimmt die Dicke des Breis (reine Geschmackssache).
Der Hafer quillt auf, nehmen Sie also nicht zu viel. Geben Sie den Hafer
in einen Topf mit guter Isolierung und schwerem Deckel. Wichtig ist,
den Hafer nach kurzem Aufkochen nur noch auf kleinster Flamme
köcheln zu lassen, da er sonst anbrennt. Kochen Sie den Hafer 2-4
Stunden. Je länger er gekocht hat, desto stärkender wirkt er.

3.18 Heilbutt mit Tomaten-Knoblauch-Soße

Fördert Verdauung, hilft Fett zu verdauen, harntreibend, senkt
Blutdruck, liefert wertvolle Omega-3 Fettsäuren. Gut bei Rheuma,
Blähungen, Blasenschwäche, Blutarmut, Bluthochdruck, Depressionen,
Diabetes, Durchfall.

Anzahl Portionen: 5
Kalorien p. Portion 319
Gramm p. Portion 297,6
Kochdauer ca. 45 Min.
Allergene: D
(Kohlehydrat:35,73% / Eiweiß & Fett:64,27%)
100g.≈ Eiweiß 34,97g. Fett:9,44g.
µg. - Ph:24,12 Na:43,88 Ka:35,39 Mg:5,15 Ca:4,4 Fe:0,11 Zn:0,01 Col.:0,82 Hsr.:23,91

Zutaten:
Reis Sorte beliebig 1 Tasse / 120g. (ja)
Wasser 6 Tassen / 240g. (wenig)
Salz 1 Prise / 1g. (wenig)
Heilbutt 1 Kg / 800g. (wenig)
Salz 1 Prise / 1g. (wenig)
Pfeffer gemahlen 1 Prise / 0,5g. ()

Zitrone Saft 1 Spritzer / 2g. (ja)
Lorbeerblatt 2 Stück / 2g. (ja)
Zitrone 1 Stück / 30g. (ja)
Knoblauch 8 Stück / 10g. (ja)
Thymian getrocknet 1 EL / 5g. (ja)
Oliven 75 g. / 75g. (ja)
Tomate 4 Stück / 200g. (ja)
Salz 1 Prise / 1g. (wenig)
Pfeffer gemahlen 1 Prise / 0,5g. ()

Kochanleitung:
Reis im Salzwasser gar kochen. Den Fisch unter fließend kaltem
Wasser abspülen, mit Küchenkrepp abtupfen und mit Salz, Pfeffer und
Zitronensaft einreiben. Die Fischfilets in eine Auflaufform legen und mit
Stücken der Lorbeerblätter belegen Die Zitrone heiß abwaschen und in
Spalten schneiden, den Knoblauch schälen und halbieren. Die Oliven
darauf verteilen und mit Thymian bestreuen. Die Tomaten mit heißem
Wasser überbrühen, häuten und grob würfeln. Alle Zutaten mischen,
mit Salz und Pfeffer würzen und um den Fisch herum verteilen. Alles
bei 200 Grad (Umluft 180, Gas Stufe 3) ca. 20 Min. garen. Mit dem Reis
anrichten. Zu diesem wohlschmeckenden Fischgericht passt ein
gemischter Salat.

3.19 Hühnersuppe mit Eigelb und Petersilie

Stärkt Blut, Knochenmark, Immunsystem und Sehkraft, harmonisiert
Leber und Milz, entgiftet. Petersilie regt Leberfunktion an.
Anzahl Portionen: 2
Kalorien p. Portion 118
Gramm p. Portion 260
Kochdauer ca. 10 Min.
Allergene: CL
(Kohlehydrat:82,37% / Eiweiß & Fett:17,63%)
100g.≈ Eiweiß 16,35g. Fett:2,49g.
µg. - Ph:13,95 Na:17,66 Ka:18 Mg:49,59 Ca:138,8 Fe:0,55 Zn:0,05 Col.:6,53 Hsr.:4,43

Zutaten:
Grundrezept für eine Hühnerbrühe wärmend 1/2 Liter / 500g. (wenig)
Huhn Eigelb 1 Stück / 10g. (ja)
Petersilie 1 EL / 10g. (ja)

Kochanleitung:
Brühe erhitzen und das Eigelb darin verquirlen. Die gehackte Petersilie
drüberstreuen und ca. 2 Min. ziehen lassen und dann in kleinen
Schlucken trinken.

3.20 Kalte Kirschsuppe mit Quarkklößchen

Fördert die Durchblutung, lindert Entzündungen, abführend, stärkende Wirkung auf die Verdauung, reinigt und beruhigt den Darm. Gut bei Körperschwäche, Magendruck, Aufstoßen, Diabetes, akute oder chronische Verstopfung.

Anzahl Portionen: 2
Kalorien p. Portion 320
Gramm p. Portion 314,5
Kochdauer ca. 2 Stunden
Allergene: GO
(Kohlehydrat:69,75% / Eiweiß & Fett:30,25%)
100g.≈ Eiweiß 7,98g. Fett:15,19g.
µg. - Ph:24,08 Na:6,18 Ka:60,77 Mg:5,2 Ca:21,84 Fe:0,17 Zn:0,05 Col.:1,47 Hsr.:4,76

Zutaten:
Kirschenkompott 450 g. / 450g. (wenig)
Agar-Agar, Agartang 1/2 TL / 1,5g. (ja)
Topfen (Quark) 20% 100 g. / 100g. (empfehlenswert)
Sauerrahm 15% Fett 50 g. / 50g. (ja)
Vanillezucker natur 1 Paket / 1g. (ja)
Zucker braun 1 EL / 10g. (ja)
Zimtpulver 1 Prise / 0,5g. (ja)
Zitrone Schale 1 Prise / 1g. (ja)
Wasser 2 EL / 15g. (wenig)

Kochanleitung:
Kirschkompott abseihen. Die Hälfte der Kirschen und den Kirschsaft mit dem Mixer fein pürieren und durch ein Sieb streichen. Das Agar-Agar-Pulver mit 2 EL kalten Wasser glatt rühren und das Kirschpüree unter Rühren zum Kochen bringen. Agar-Agar-Lösung untermischen und das Kirschpüree 1 Min. unter Rühren leicht kochen lassen. Heißes Kirschpüree auf zwei Suppenteller verteilen und die restlichen Kirschen in die Suppe geben. Kirschsuppe 2 Std. kalt stellen, bis sie leicht geliert. Mit dem Handmixer Quark, Sauerrahm, Zucker, Vanillezucker, Zimt und Zitronenschale zu einer glatten, festen Creme rühren. Aus der Creme mit dem Esslöffel kleine Klößchen stechen und in die Kirschsuppe setzen.

3.21 Karotten-Hirse-Auflauf mit Apfelkompott

Stärkt Milz und Leber, senkt Blutdruck, bakterizid, stärkt Immunsystem, beugt Krebs vor, reduziert Strahlenverletzungen, beruhigt Nerven und Magen, harntreibend. Gut bei chronischer Verstopfung.

Anzahl Portionen: 7
Kalorien p. Portion 349
Gramm p. Portion 347,86
Kochdauer ca. 1 Stunde
Allergene: CGH
(Kohlehydrat:64% / Eiweiß & Fett:36%)
100g.≈ Eiweiß 12,54g. Fett:12,54g.
µg. - Ph:1,79 Na:0,66 Ka:2,7 Mg:0,54 Ca:1,07 Fe:0,03 Zn:0,01 Col.:0,83 Hsr.:0,28

Zutaten:
Hirse 200 g / 200g. (ja)
Kuhmilch (Vollmilch 3,5 % Fett) 500 ml / 450g. (ja)
Zitrone Schale 1/2 Stück / 2g. (ja)
Zucker braun 2 EL / 20g. (ja)
Karotte (Mohrrübe, Möhre) 400 g. / 400g. (ja)
Ingwer frisch 2 TL / 6g. (ja)
Acerola Fruchtnektar oder Pulver 1 TL / 2g. (wenig)
Mandelmus 50 g. / 50g. (weniger als angegeben)
Huhn Ei 4 Stück / 240g. (ja)
Joghurt (natur, 1,5 % Fett) 150 g. / 150g. (ja)
Butter Bio 1 TL / 4g. (ja)
Apfel (sauer) 4 Stück / 600g. (wenig)
Wasser 300 ml. / 300g. (wenig)
Nelke 2 Stück / 1g. (ja)
Zucker braun 1 EL / 10g. (ja)

Kochanleitung:
Backofen auf 100 Grad (Umluft 8o Grad, Gas Stufe 2) vorheizen. Die Hirse mit Milch, Zitronenschale und Zucker zum Kochen bringen. Zugedeckt 5 Min. leicht köcheln lassen und dann zugedeckt im vorgeheizten Ofen 20 Min. ausquellen lassen. Ofen auf mittlere Hitze schalten. Äpfel schälen und in kleine Stücke schneiden und mit Wasser, Nelken und Zucker etwa 5 Min. kochen. In einer Schüssel die Hirse mit den geriebenen Karotten, dem feingehackten Ingwer und Acerola vermischen. Mandelmus (oder Butter) mit dem Handrührgerät verrühren. Eigelb dazugeben und alles zu einer glatten Creme rühren. Sauerrahm, Hirse und Karotten untermischen. Eiweiß sehr steif schlagen und unter die Hirsemasse heben. Eine Auflaufform mit Butter ausstreichen, die Hirsemasse einfüllen und im vorgeheizten Ofen bei milder Hitze 45 Min. backen. Mit dem Apfelkompott servieren.

3.22 Karotten-Kartoffel-Rucola Brötchen

Lindert Entzündungen, verbessert Verdauung, harntreibend, senkt Cholesterinspiegel, stärkt Immunsystem, beugt Krebs vor, löst Verstopfung (ballaststoffreich), löst Stagnation.

Anzahl Portionen: 4
Kalorien p. Portion 94
Gramm p. Portion 116,25
Kochdauer ca. 20 Min.
Allergene: AG
(Kohlehydrat:55% / Eiweiß & Fett:45%)
100g.≈ Eiweiß 2,68g. Fett:2,83g.
µg. - Ph:4,15 Na:4,56 Ka:16,7 Mg:1,23 Ca:1,78 Fe:0,06 Zn:0,03 Col.:0,25 Hsr.:1,27

Zutaten:
Kartoffel (mehlige) 200 g / 200g. (wenig)
Karotte (Mohrrübe, Möhre) 1 Stück / 50g. (ja)
Sauerrahm 15% Fett 3 EL / 45g. (ja)
Zwiebel Frühlingszwiebel 1 Stück / 20g. (ja)
Rucola Rauke 1/2 Bund / 100g. ()
Zitrone Schale 1/4 TL / 1g. (ja)
Salz 1 Prise / 1g. (wenig)
Pfeffer gemahlen 1 Prise / 0,2g. ()
Vollkornbrot 8 Scheiben / 48g. (wenig)

Kochanleitung:
Kartoffeln in der Schale weich kochen, abziehen und durch die Kartoffelpresse drücken. Gemüsebrühe nach Grundrezept kochen und eine Karotte nach kurzer Garzeit herausnehmen und mit der Gabel fein zerdrücken. Kartoffeln, Karotten, abgeriebene Zitronenschale und Sauerrahm zu einer glatten Creme verrühren. Karotten-Kartoffel-Creme mit fein geschnittenem Rucola verrühren. Den Aufstrich mit Salz und Pfeffer abschmecken und die Brote bestreichen. Mit den fein geschnittenen Jungzwiebeln bestreuen.

3.23 Karotten-Risotto

Stärkt Immunsystem, beugt Krebs vor, löst Stagnation, regt Leberfunktion an. Gut bei Appetitlosigkeit, Blähungen, Bluthochdruck, Depressionen, Diabetes, Durchfall.

Anzahl Portionen: 2
Kalorien p. Portion 308
Gramm p. Portion 340,8
Kochdauer ca. 45 Min.
Allergene: GL
(Kohlehydrat:83,67% / Eiweiß & Fett:16,33%)
100g.≈ Eiweiß 8,5g. Fett:5,99g.
µg. - Ph:27,11 Na:19,13 Ka:58,22 Mg:32,31 Ca:116,16 Fe:0,67 Zn:0,11 Col.:0,3
Hsr.:14,66

Zutaten:
Olivenöl 1/2 EL / 5g. (ja)
Zwiebel Frühlingszwiebel 2 EL / 7g. (ja)
Muskatnuss 1 Prise / 0,3g. (ja)
Petersilie 1/2 Bund / 25g. (ja)
Reis Sorte beliebig 100 g. / 100g. (ja)
Karotte (Mohrrübe, Möhre) 250 g. / 250g. (ja)
Grundrezept für eine Gemüsebrühe nahrhaft 300 ml. / 280g. (wenig)
Fenchelsamen gemahlen 1/4 TL / 1g. (ja)
Basilikum (frisch) 1/2 TL / 2g. (ja)
Salz 1 Prise / 1g. (wenig)
Pfeffer gemahlen 1 Prise / 0,3g. ()
Parmesan 1 EL / 10g. (weniger als angegeben)

Kochanleitung:
In einer flachen Pfanne das Öl erhitzen, die Zwiebeln darin glasig und sehr weich dünsten. Petersilie zugeben und kurz andünsten. Reis, Karotten und Muskat zufügen und unter Rühren kurz andünsten. Mit der Gemüsebrühe aufgießen, mit Fenchel und Basilikum würzen, alles zum Kochen bringen und ca. 20 Min. kochen, bis Reis und Karotten gut durch sind. Dabei ab und zu umrühren und bei Bedarf etwas Gemüsebrühe nachgießen. Das Risotto soll leicht suppig sein. Kurz vor Ende der Garzeit den Weißwein untermischen und das Risotto noch kurz aufköcheln lassen, dann vom Herd nehmen und Parmesan untermischen.

3.24 Kartoffel-Gnocchi mit Gemüse und Basilikumsoße

Stärkt Immunsystem, fördert Gewichtsabnahme, entkrampft, beruhigt.
Gut bei Abwehrschwäche, Appetitlosigkeit, Blähungen, Bluthochdruck.

Anzahl Portionen: 4
Kalorien p. Portion 166
Gramm p. Portion 290,25
Kochdauer ca. 1 Stunde
Allergene: ACGL
(Kohlehydrat:75% / Eiweiß & Fett:25%)
100g.≈ Eiweiß 6,54g. Fett:4,63g.
µg. - Ph:3,26 Na:1,11 Ka:13,57 Mg:2,45 Ca:9,39 Fe:0,06 Zn:0,02 Col.:1,36 Hsr.:1,49

Zutaten:
Kartoffel 250 g. / 250g. (wenig)
Weizen Mehl 25 g. / 25g. (ja)
Weizen Gries 15 g. / 15g. (ja)
Huhn Eigelb 1 Stück / 20g. (ja)
Muskatnuss 1 Prise / 0,2g. (ja)
Grundrezept für eine Gemüsebrühe nahrhaft 250 ml. / 250g. (wenig)
Sellerie Knolle 50 g. / 50g. (ja)
Zitrone Schale 1/2 TL / 2g. (ja)
Ingwer frisch 1/2 TL / 2g. (ja)
Muskatnuss 1 Prise / 0,2g. (ja)
Basilikum (frisch) 1 Bund / 125g. (ja)
Creme fraîche 1 EL / 20g. (wenig)
Salz 1 Prise / 1g. (wenig)
Pfeffer gemahlen 1 Prise / 0,2g. ()
Karotte (Mohrrübe, Möhre) 100 g. / 100g. (ja)
Zucchini 100 g. / 100g. (ja)
Blumenkohl (Karfiol) 100 g. / 100g. (ja)
Brokkoli 100 g. / 100g. (wenig)
Salz 1 Prise / 1g. (wenig)

Kochanleitung:
Kartoffeln in der Schale weich dämpfen, abziehen und heiß durch die
Kartoffelpresse drücken. Die heißen Kartoffeln mit Mehl, Grieß, Ei,
Muskat und Salz zu einem glatten Teig verarbeiten. Teig 3o Min. ruhen
lassen. Aus dem Teig mit mehlbestäubten Händen kleine Röllchen (2
cm) formen und davon 1 cm dünne Scheibchen abschneiden. Damit die
typische Gnocchiform entsteht, die Teigscheibchen mit dem Daumen
etwas eindellen. Gnocchi in leicht kochendem Salzwasser 6-8 Min.
ziehen lassen und mit dem Schaumlöffel aus dem Topf heben.
Gemüsebrühe zum Kochen bringen. Würfelig geschnittenen Sellerie,
geriebene Zitronenschale, feingehackten Ingwer und eine gute Prise

Muskat zufügen. Zugedeckt ca. 10 Min. köcheln lassen und alles zusammen mit gehacktem Basilikum und der Crème fraîche mit dem Mixstab zu einer glatten Soße pürieren. Mit Salz und Muskat abschmecken. Karotten, Zucchini, Blumenkohl und Brokkoli kleinschneiden und zugedeckt in einem Siebeinsatz über Wasserdampf in 8 Min. bissfest garen. Soße nochmals erhitzen, zum Gemüse geben und über den Gnocchi anrichten.

3.25 Kartoffeln mit Löwenzahnsalat

Stärkt Milz, lindert Entzündungen, regeneriert Haut, harntreibend, senkt Cholesterinspiegel, entgiftet, stärkt Magen und Verdauungssystem, bakterizid, löst Stagnation.

Anzahl Portionen: 2
Kalorien p. Portion 162
Gramm p. Portion 203,25
Kochdauer ca. 25 min.
Allergene:
(Kohlehydrat:70,33% / Eiweiß & Fett:29,67%)
100g.≈ Eiweiß 4,28g. Fett:5,59g.
µg. - Ph:26,55 Na:13,01 Ka:175,89 Mg:11,87 Ca:27,38 Fe:0,61 Zn:0,14 Col.:0,01
Hsr.:14,21

Zutaten:
Kartoffel 250 g. / 250g. (wenig)
Zwiebel weiss 1/2 Stück / 20g. (ja)
Sonnenblumenöl 1 EL / 10g. (wenig)
Löwenzahn (junger) 125 g. / 125g. (ja)
Salz 1 Prise / 1g. (wenig)
Pfeffer weiss (gemahlen) 1 Prise / 0,5g. (ja)

Kochanleitung:
Die Kartoffeln in Salzwasser garen und in dünne Scheiben schneiden. Löwenzahnblätter klein schneiden. Feingehackte Zwiebel und Öl dazugeben, mit Salz und Pfeffer würzen und alles vermischen.

3.26 Kartoffeltaschen mit Wildkräutern an Tomatensoße

Stärkt Milz, lindert Entzündungen, verbessert Verdauung, löst Stagnation, entschlackend, reinigt die Nieren, unterstützend bei Prostatabeschwerden. Gut bei Appetitlosigkeit, Blähungen, Darmentzündung. Regt Leberfunktion an, harntreibend.

Anzahl Portionen: 5
Kalorien p. Portion 418
Gramm p. Portion 346,14
Kochdauer ca. 45 Min.
Allergene: ACG
(Kohlehydrat:62,47% / Eiweiß & Fett:37,53%)
100g.≈ Eiweiß 16,88g. Fett:16,11g.
µg. - Ph:22,3 Na:7,21 Ka:58,22 Mg:4,83 Ca:20,61 Fe:0,19 Zn:0,03 Col.:0,78 Hsr.:11,88

Zutaten:
Olivenöl 1 EL / 10g. (ja)
Zwiebel weiss 1 Stück / 50g. (ja)
Knoblauch 1 Stück / 2g. (ja)
Tomatenpüre 400 g. / 400g. (ja)
Salz 1 Prise / 1g. (wenig)
Pfeffer gemahlen 1 Prise / 0,5g. ()
Sahne, süß 30% 1 EL / 10g. (wenig)
Kartoffel 650 g. / 650g. (wenig)
Weizen Mehl 200 g / 200g. (ja)
Huhn Ei 1 Stück / 60g. (ja)
Salz 1 Prise / 1g. (wenig)
Pfeffer gemahlen 1 Prise / 0,5g. ()
Muskatnuss 1 Prise / 0,2g. (ja)
Brennnessel 50 g. / 50g. (ja)
Löwenzahn (junger) 30 g. / 30g. (ja)
Schafgarbe 30 g. / 30g. (ja)
Kerbel getrocknet 10 g. / 10g. (ja)
Spitzwegerichtee 10 g. / 10g. (ja)
Petersilie 50 g. / 50g. (ja)
Olivenöl 1 EL / 10g. (ja)
Knoblauch 1 Stück / 2g. (ja)
Topfen (Quark) 20% 4 EL / 40g. (empfehlenswert)
Mayonnaise 50% 1 EL / 10g. (ja)
Salz Kräutersalz 1/2 TL / 2g. (wenig)
Schwarzkümmel 1 Prise / 1g. (ja)
Pfeffer gemahlen 1 Prise / 0,5g. ()
Emmentaler 10 dag. / 100g. (wenig)

Kochanleitung:
Tomatensoße: Öl erhitzen und in Würfel geschnittene Zwiebel mit dem zerdrückten Knoblauch darin andünsten. Tomatenpüree zu den Zwiebeln geben, 2 Min. unter Rühren eindicken lassen, mit Salz und Pfeffer würzen, die Sahne zufügen und in eine feuerfeste Form füllen. Kartoffelteig: Festkochende Kartoffeln gar kochen, schälen und durchpressen. In einer Schüssel mit Mehl, Parmesan, Ei und Gewürzen vermengen. Den Teig auf einer leicht bemehlten Arbeitsfläche ausrollen und in 5 cm große Vierecke schneiden. Kräuterfüllung: Kräuter hacken und mit Öl, Knoblauch, Quark, Mayonnaise, Kräutersalz, zerstoßenem Schwarzkümmel und Pfeffer zu einer cremigen Masse vermischen. Mit einem Löffel jeweils etwas von der Füllung auf die Teigvierecke geben, zu einem Dreieck zusammenklappen, Ränder festdrücken und die Taschen in reichlich Salzwasser gar ziehen lassen, bis sie oben schwimmen. Auf die Tomaten geben, mit dem geriebenen Käse bestreuen und im Ofen goldbraun überbacken.

3.27 Kürbisschnitzel mit Gewürzreis

Stärkt Lunge und Milz, harntreibend, reduziert Blutzucker, schützt und harmonisiert Leber, befeuchtet Darm, kühlt innere Hitze. Zur Entwässerung des Körpers bei Übergewicht und Bluthochdruck.

Anzahl Portionen: 4
Kalorien p. Portion 438
Gramm p. Portion 260,52
Kochdauer ca. 45 Min.
Allergene: AG
(Kohlehydrat:59,16% / Eiweiß & Fett:40,84%)
100g.≈ Eiweiß 4,2g. Fett:27,78g.
µg. - Ph:19,2 Na:5,08 Ka:46,56 Mg:8,07 Ca:12,07 Fe:0,16 Zn:0,02 Col.:0,25 Hsr.:5,34

Zutaten:
Butterschmalz 1/2 EL / 5g. (ja)
Safran 1 Briefchen / 0,1g. (ja)
Kurkuma (Gelbwurz) 1 TL / 2g. (ja)
Reis Basmatireis 1 Tasse / 120g. (ja)
Wasser 1 Tasse / 120g. (wenig)
Salz 1/2 TL / 2g. (wenig)
Kürbis 6-8 Scheiben / 400g. (ja)
Gerstenmehl 1 Tasse / 10g. (ja)
Brösel (Weizenbrot, Semmel) 1 Tasse / 10g. (ja)
Salz 1/2 TL / 2g. (wenig)

Pfeffer gemahlen 1 Prise / 1g. ()
Butter Bio 1 EL / 10g. (ja)
Sahne, süß 30% 1 1/2 Becher / 300g. (wenig)
Gerstenmehl 2 EL / 20g. (ja)
Lauchzwiebel Schnittlauch 3 EL / 20g. (ja)
Dill 3 EL / 20g. (ja)

Kochanleitung:
Das Fett in einem kleinen Topf schmelzen, Safran und Kurkuma
hinzufügen und etwa 1-2 Min. bei mittlerer Hitze leicht rösten, damit die
Aromen sich entfalten (Achtung: Die Gewürze dürfen auf keinen Fall
verbrennen!). Den Reis zufügen und etwa 2 Min. unter ständigem
Rühren braten. Salzen, Wasser dazugießen, umrühren und den Topf
mit einem Deckel verschließen. Bei schwacher bis mittlerer Hitze
kochen lassen, bis das Wasser fast vollständig aufgesogen ist, dann
vom Herd nehmen und mit geschlossenem Deckel beiseite stellen und
quellen lassen. Nicht mehr umrühren! Wenn das Wasser vollständig
aufgesogen ist, ist der Reis fertig! Mehl, Semmelbrösel, Salz und
Pfeffer verrühren. Die Kürbisscheiben mit Wasser oder verrührtem Ei
anfeuchten, die Scheiben in der Mehlmischung wenden und vorsichtig
in Butter braten, bis sie goldbraun sind und der Kürbis weich ist. In
einem kleinen Topf die Butter schmelzen, Gerstenmehl darin bräunen
und vom Herd nehmen. Die saure Sahne einrühren, salzen, pfeffern
und die gehackten Kräuter unterziehen. Die Soße über die gebratenen
Kürbisscheiben geben. Dazu den Reis servieren.

3.28 Lasagne mit Tofucreme

Harmonisiert Milz und Magen, lindert Blähungen, schont die
Verdauungsorgane, wirkt bei Appetitlosigkeit, Darmentzündung,
Magengeschwür, Rheuma, Sodbrennen, Zwölffingerdarmgeschwür.
Anzahl Portionen: 4
Kalorien p. Portion 301
Gramm p. Portion 231
Kochdauer ca. 45 Min.
Allergene: ACEG
(Kohlehydrat:49,88% / Eiweiß & Fett:50,12%)
100g.≈ Eiweiß 19,3g. Fett:11,86g.
µg. - Ph:35,07 Na:14,02 Ka:27,57 Mg:16,2 Ca:29,05 Fe:0,36 Zn:0,05 Col.:3,83 Hsr.:15,29

Zutaten:
Soja Tofu 400 g. / 400g. (ja)
Huhn Ei 2 Stück / 100g. (ja)
Zwiebel weiss 2 Stück / 120g. (ja)
Tomate 100 g. / 100g. (ja)
Oregano getrocknet 1 Prise / 1g. (ja)
Majoran 1 Prise / 1g. (ja)
Paprika (Rosenpaprikapulver) 1 Prise / 1g. (ja)
Salz 1 Prise / 1g. (wenig)
Nudeln (Weizen, Lasagneblätter) mit Ei 150 g. / 150g. (empfehlenswert)
Edamer 50 g. / 50g. (wenig)

Kochanleitung:
Tofucreme: Tofu mit Eiern, Zwiebeln, kleinen Tomaten, Oregano, Majoran, Paprika und etwas Jodsalz mit einer Küchenmaschine mit Messereinsatz oder einem Pürierstab zu einer glatten Masse verarbeiten. Lasagne: In eine Auflaufform (ca. 25 x 15 cm) 1/5 der Tofucreme geben, mit 3 Lasagneblätter abdecken, diesen Vorgang noch 2 x wiederholen und abschließend das letzte Fünftel der Tofucreme über die Teigplatten streichen. Mit etwas geriebenem Edamer bestreuen und im Backofen bei 175 Grad ca. 30 Min. backen.

3.29 Lauch-Kartoffel-Gratin

Lindert Entzündungen, verbessert Verdauung, regeneriert Haut, harntreibend, senkt Cholesterinspiegel, löst Stagnation.
Anzahl Portionen: 4
Kalorien p. Portion 369
Gramm p. Portion 346,62
Kochdauer ca. 1 Stunde
Allergene: CGL
(Kohlehydrat:56,02% / Eiweiß & Fett:43,98%)
100g.≈ Eiweiß 7,74g. Fett:16,47g.
µg. - Ph:13,71 Na:22,43 Ka:58,34 Mg:4,33 Ca:15,37 Fe:0,17 Zn:0,03 Col.:1,24 Hsr:5,68

Zutaten:
Kartoffel 500 g. / 500g. (wenig)
Lauch (Porree) 500 g. / 500g. (ja)
Apfel (sauer) 1 Stück / 200g. (wenig)
Creme fraîche 125 g. / 125g. (wenig)
Grundrezept für eine Gemüsebrühe nahrhaft 50 ml / 20g. (wenig)
Huhn Eigelb 1 Stück / 20g. (ja)
Emmentaler 2 EL / 20g. (wenig)
Salz 1 Prise / 1g. (wenig)
Pfeffer gemahlen 1 Prise / 0,5g. ()

Kochanleitung:
Kartoffeln waschen, schälen, in sehr dünne Scheiben schneiden und
trockentupfen. Die Hälfte in eine flache, gefettete Auflaufform geben.
Lauch putzen, waschen und in feine Ringe schneiden. Apfel waschen,
schälen und in dünne Scheiben schneiden. Lauch und Apfel auf die
Kartoffeln verteilen und die restlichen Kartoffelscheiben darüberlegen.
Crème fraîche, Eigelb, geriebenen Emmentaler, Salz und Pfeffer
verrühren, evtl. noch etwas Gemüsebrühe dazugeben und über den
Auflauf gießen. Bei 200 Grad im Backofen ca. 45 bis 50 Min. goldgelb
backen. Nach 30 Min. mit Pergamentpapier abdecken, um ein
Austrocknen des Gratins zu verhindern.

3.30 Linsen-Kastanien-Suppe mit Curry

Senkt Blutdruck, bakterizid, stärkt Immunsystem, beugt Krebs vor,
reduziert Strahlenverletzungen, stärkt Magen, löst Stagnation, fördert
Gewichtsabnahme. Gut bei Abwehrschwäche, Appetitlosigkeit,
Blähungen, Bluthochdruck, Depressionen, Diabetes, Durchfall

Anzahl Portionen: 4
Kalorien p. Portion 175
Gramm p. Portion   238,25
Kochdauer ca.   45 Min.
Allergene: LO
(Kohlehydrat:83% / Eiweiß & Fett:17%)
100g.≈ Eiweiß 4,17g. Fett:4,33g.
µg. - Ph:2,67 Na:3,8 Ka:7,98 Mg:4,63 Ca:15,86 Fe:0,06 Zn:0,02 Col.:0 Hsr.:2,07

Zutaten:
Linsen rot 150 g. / 150g. (ja)
Kastanien (Maronen) 150 g. / 150g. (wenig)
Olivenöl 1 EL / 10g. (ja)
Curry 2 TL / 8g. (ja)
Grundrezept für eine Gemüsebrühe nahrhaft 1/2 Liter / 500g. (wenig)
Kurkuma (Gelbwurz) 1 TL / 2g. (ja)
Weißwein 1/8 Liter / 125g. (wenig)
Salz Kräutersalz 1 Prise / 1g. (wenig)
Anis (gemeiner Fenchel) 1 Prise / 1g. (ja)
Kardamom 1 Prise / 0,5g. (wenig)
Petersilie 2 EL / 6g. (ja)

Kochanleitung:
Olivenöl in eine Pfanne geben, Kastanien darin kurz andünsten, Curry
drüberstreuen, Linsen zugeben und mit Gemüsebrühe aufgießen. Ganz

wenig Weißwein zugeben, Kurkuma untermischen, aufkochen lassen und rund 20 Min. köcheln lassen, bis die Kastanien weich sind. Anschließend die Suppe pürieren und abschmecken mit einer Prise Anis, Kardamom und Kräutersalz. Am Schluss klein geschnittene Petersilie drüberstreuen.

3.31 Marinierter Kabeljau auf Kürbispüree

Lindert Entzündungen, verbessert Verdauung, stärkt Milz, Lunge, Magen und Nieren, harntreibend, reduziert Blutzucker, löst Stagnation. Gut bei Verstopfung und Blähungen.

Anzahl Portionen: 4
Kalorien p. Portion 202
Gramm p. Portion 288,65
Kochdauer ca. 2 Stunden
Allergene: DG
(Kohlehydrat:49,4% / Eiweiß & Fett:50,6%)
100g.≈ Eiweiß 17,24g. Fett:5,13g.
µg. - Ph:21,61 Na:8,06 Ka:68,86 Mg:5,61 Ca:8,42 Fe:0,1 Zn:0,02 Col.:1,02 Hsr.:10,18

Zutaten:
Kartoffel 6 Stück / 400g. (wenig)
Kürbis 200 g / 200g. (ja)
Zwiebel weiss 1 Stück / 50g. (ja)
Oregano getrocknet 1/2 TL / 1g. (ja)
Zitrone Saft 1/2 Stück / 15g. (ja)
Salz 1 Prise / 1g. (wenig)
Pfeffer gemahlen 1 Prise / 0,3g. ()
Creme fraîche 2 EL / 30g. (wenig)
Joghurt (natur, 1,5 % Fett) 150 g. / 150g. (ja)
Oregano getrocknet 1/4 TL / 1g. (ja)
Basilikum (frisch) 1/2 TL / 2g. (ja)
Kabeljau 300 g. / 300g. (wenig)
Salz 1 Prise / 1g. (wenig)
Pfeffer gemahlen 1 Prise / 0,3g. ()
Olivenöl 1 TL / 3g. (ja)

Kochanleitung:
Joghurt mit Oregano, Basilikum und Thymian vermischen. Fischfilets abwaschen, trockentupfen, in eine flache Form legen und mit der Marinade übergießen. 2 Std. im Kühlschrank durchziehen lassen. Kartoffeln in Salzwasser weich kochen und schälen. Gewürfelte Zwiebel in Öl glasig dünsten, den kleingewürfelten Kürbis zugeben und ca. 10

Min. braten. Oregano, Zitronensaft, Salz, Pfeffer und die Crème fraîche dazugeben und mit dem Mixstab pürieren. Fischfilets aus der Marinade nehmen, abtropfen lassen, trockentupfen und salzen. Eine beschichtete Grillpfanne mit 2 TL Öl bestreichen und die Fischfilets auf beiden Seiten je 3-4 Min. braten und mit den Kartoffeln auf dem Kürbispüree anrichten.

3.32 Nudel-Auflauf mit Quark und Pfirsichen

Lindert Müdigkeit, entspannt, stärkt die Abwehr, beruhigt Nerven und Magen. Gut bei Aufstoßen, akuter oder chronischer Verstopfung, Blähungen, Sodbrennen.

Anzahl Portionen: 4
Kalorien p. Portion   442
Gramm p. Portion   293,5
Kochdauer ca.   1 Stunde
Allergene: ACGO
(Kohlehydrat:65,89% / Eiweiß & Fett:34,11%)
100g.≈ Eiweiß 17,56g. Fett:19,07g.
µg. - Ph:26,04 Na:6,66 Ka:36,6 Mg:4,79 Ca:10,1 Fe:0,19 Zn:0,04 Col.:3,85 Hsr.:9,81

Zutaten:
Pfirsich 500 g. / 500g. (wenig)
Nudeln (Weizen, Bandnudeln) mit Ei 200 g / 200g. (empfehlenswert)
Huhn Ei 2 Stück / 120g. (ja)
Zucker (Staubzucker) 40 g. / 40g. (ja)
Vanillezucker natur 3 Paket / 3g. (ja)
Zitrone Schale 1/2 Stück / 2g. (ja)
Zimtpulver 1/4 TL / 1g. (ja)
Topfen (Quark) 20% 250 g. / 250g. (empfehlenswert)
Butter Bio 2 TL / 8g. (ja)
Erdbeermarmelade 4 EL / 50g. (ja)

Kochanleitung:
Ofen auf 180 Grad vorheizen. Pfirsiche kurz in kochendes Wasser legen, abtropfen lassen und die Haut abziehen. Pfirsiche in kleine Spalten schneiden. Nudeln in reichlich Salzwasser bissfest kochen, abgießen, kalt abschrecken und abtropfen lassen. Eier trennen. Eigelb mit Puderzucker, Vanillezucker, abgeriebener Zitronenschale und Zimt mit dem Schneebesen schaumig rühren. Quark einrühren und die Nudeln untermischen. Eiweiß zu festem Schnee schlagen und vorsichtig unter die Nudelmasse heben. Eine Auflaufform dünn mit Butter ausstreichen. Abwechselnd Quark-Nudelmasse und Pfirsichspalten in die Form schichten und mit der Nudelmasse abschließen. Den Auflauf mit Butterflöckchen bestreuen und im

vorgeheizten Ofen 30 Min. backen. Portionsweise mit einem Esslöffel Marmelade anrichten.

3.33 Nudeln mit Putenfleisch und Ananas

Bakterizid, löst Gallen-, Nieren- und Blasensteine, liefert Vitamin C, stärkt Blut, baut Milz und Magen auf, stärkt Knochenmark, lindert Entzündungen, harntreibend.

Anzahl Portionen: 4
Kalorien p. Portion 292
Gramm p. Portion 333,12
Kochdauer ca. 45 Min.
Allergene: ACGL
(Kohlehydrat:53,34% / Eiweiß & Fett:46,66%)
100g.≈ Eiweiß 17,59g. Fett:11,45g.
µg. - Ph:22,17 Na:12,05 Ka:50,8 Mg:7,11 Ca:16,79 Fe:0,18 Zn:0,05 Col.:0,98 Hsr.:12,27

Zutaten:
Nudeln (Vollkorn) mit Ei 200 g / 200g. (empfehlenswert)
Ananas 200 g / 200g. (wenig)
Wasser 100 ml. / 50g. (wenig)
Pute Brustfleisch 200 g / 200g. (wenig)
Rapsöl 1 EL / 12g. (ja)
Knoblauch 1 Stück / 2g. (ja)
Grundrezept für eine Gemüsebrühe nahrhaft 100 ml. / 100g. (wenig)
Kuhmilch (Vollmilch 3,5 % Fett) 180 ml. / 180g. (ja)
Frischkäse 75 g. / 75g. (wenig)
Curry 3 tl / 6g. (ja)
Salz 1 Prise / 1g. (wenig)
Pfeffer gemahlen 1 Prise / 0,5g. ()
Granatapfel 1 Stück / 300g. (wenig)
Kokosflocken 1 EL / 6g. (wenig)

Kochanleitung:
Die Nudeln in Salzwasser gar kochen. Die Ananas würfelig schneiden und 5 Min. in Wasser köcheln. Das in Streifen geschnittene Fleisch in Öl anbraten, den gehackten Knoblauch und die in Stücke geschnittene Ananas zufügen, etwa 50 ml vom Ananassaft zugeben und die Gemüsebrühe einrühren. Die Milch und den Frischkäse einrühren, bis er sich vollständig aufgelöst hat. Nun den Curry dazugeben und ein paar Minuten köcheln lassen, bis eine cremige Konsistenz erreicht ist. Mit Salz und Pfeffer abschmecken. Jetzt die Nudeln in die fertige Soße geben. Den Granatapfel aufschneiden und die Kerne auslösen. Beliebig viele Kerne auf den angerichteten Nudeln verteilen. Wer mag, kann Kokosraspeln darüber streuen.

3.34 Ofenkartoffeln mit Sellerie-Quark

Stärkt Milz, lindert Entzündungen, verbessert Verdauung, regeneriert die Haut, harntreibend, senkt Cholesterinspiegel.

Anzahl Portionen: 2
Kalorien p. Portion 304
Gramm p. Portion 398
Kochdauer ca. 30 Min.
Allergene: GL
(Kohlehydrat:52% / Eiweiß & Fett:48%)
100g.≈ Eiweiß 15,61g. Fett:24,04g.
µg. - Ph:19,06 Na:6,87 Ka:59,91 Mg:7,16 Ca:24,85 Fe:0,1 Zn:0,08 Col.:1,01 Hsr.:3,76

Zutaten:
Sellerie Knolle 80 g. / 80g. (ja)
Grundrezept für eine Gemüsebrühe nahrhaft 100 ml. / 100g. (wenig)
Kümmel gemahlen 1 Prise / 0,2g. (ja)
Zitrone Schale 1/2 TL / 1g. (ja)
Salz 1 Prise / 1g. (wenig)
Pfeffer gemahlen 1 Prise / 0,2g. ()
Zitrone Saft 1 TL / 3g. (ja)
Topfen (Quark) 20% 200 g. / 200g. (empfehlenswert)
Creme fraîche 1/2 EL / 5g. (wenig)
Kartoffel 6 Stück / 400g. (wenig)
Olivenöl 2 TL / 5g. (ja)
Salz 1 Prise / 1g. (wenig)

Kochanleitung:
Sellerie-Quark: Sellerie in Gemüsebrühe (nach Grundrezept) mit Kümmel und Zitronenschale zum Kochen bringen und zugedeckt ca. 8 Min. köcheln lassen, bis er weich und die Gemüsebrühe fast verdampft ist. Dann alles mit Zitronensaft mit dem Mixstab fein pürieren, mit dem Quark glatt rühren und mit Salz und Pfeffer abschmecken.
Ofenkartoffel: Den Ofen auf 200 Grad vorheizen. Kartoffeln gut abbürsten, längs halbieren und mit der Schnittfläche nach oben nebeneinander auf ein Backblech setzen. Schnittflächen leicht salzen, mit Öl beträufeln und im Ofen ca. 25 Min. backen. Sellerie-Quark zu den Kartoffeln reichen.

3.35 Orientalische Reispfanne

Stärkt Magen, Nieren und Blase, löst Stagnation, hilft Fett zu verdauen und liefert zahlreiche Vitamine, Mineralstoffe sowie sekundäre Pflanzenwirkstoffe. Gut bei Abwehrschwäche, Appetitlosigkeit.

Anzahl Portionen: 6
Kalorien p. Portion 303
Gramm p. Portion 271,83
Kochdauer ca. 30 Min.
Allergene: EL
(Kohlehydrat:81,36% / Eiweiß & Fett:18,64%)
100g.≈ Eiweiß 9,51g. Fett:5,44g.
µg. - Ph:14,12 Na:4,25 Ka:29,82 Mg:11,83 Ca:25,45 Fe:0,16 Zn:0,01 Col.:0 Hsr.:12,22

Zutaten:
Reis Vollkorn 180 g. / 180g. (ja)
Grundrezept für eine Gemüsebrühe nahrhaft 600 ml. / 500g. (wenig)
Curry 1/2 TL / 2g. (ja)
Zwiebel Frühlingszwiebel 4 Stück / 80g. (ja)
Rapsöl 2 EL / 20g. (ja)
Paprika 120 g. / 120g. (ja)
Mais 80 g. / 80g. (ja)
Shiitake, getrocknet 20 g. / 80g. (ja)
Bambussprossen 80 g. / 80g. (ja)
Erbsen 80 g. / 80g. (ja)
Pfirsich 60 g. / 60g. (wenig)
Ananas 60 g. / 60g. (wenig)
Tomate 200 g / 200g. (ja)
Liebstöckel 1 TL / 2g. (ja)
Basilikum (frisch) 1 TL / 2g. (ja)
Petersilie 1 TL / 2g. (ja)
Zitronenmelisse (frisch) 1 TL / 2g. (ja)
Pfeffer gemahlen 1 Prise / 1g. ()

Kochanleitung:
Die Pilze 20 Min. in Wasser einweichen. Den Reis in der Gemüsebrühe 15 Min. kochen und mit etwas Curry würzen. Die Zwiebel schälen und in kleine Würfel schneiden. Öl in einer Pfanne erhitzen, die Zwiebelwürfel darin andünsten. Paprika waschen, halbieren, Kerngehäuse entfernen, in Würfel schneiden und zufügen. Mais, Pilze und Bambussprossen dazu geben und in 5 Min. bissfest garen. Sojasprossen, Erbsen, Pfirsich- und Ananaswürfel ebenfalls zugeben und anschließend die geschälten, kleingeschnittenen Tomaten dazugeben. Den gegarten Reis zugeben und mit den Kräutern und Pfeffer abschmecken.

3.36 Paprika-Tomatenreis

Cholesterin-, eiweiß- und fettarm, stärkt Magen, löst Stagnation, fördert Gewichtsabnahme. Gut bei Abwehrschwäche, Appetitlosigkeit, Blähungen, Bluthochdruck, Diabetes, Depressionen.

Anzahl Portionen: 3
Kalorien p. Portion 291
Gramm p. Portion 324
Kochdauer ca. 25 Min.
Allergene: L
(Kohlehydrat:89% / Eiweiß & Fett:11%)
100g.≈ Eiweiß 7,63g. Fett:2,54g.
µg. - Ph:10,3 Na:1,31 Ka:15,5 Mg:9,5 Ca:22,5 Fe:0,14 Zn:0,06 Col.:0 Hsr.:4,12

Zutaten:
Zwiebel weiss 1 Stück / 50g. (ja)
Paprika 4 stück / 120g. (ja)
Lorbeerblatt 2 Stück / 1g. (ja)
Nelke 2 Stück / 1g. (ja)
Grundrezept für eine Gemüsebrühe nahrhaft 400 g. / 400g. (wenig)
Reis Vollkorn 200 g / 200g. (ja)
Champignon 60 g. / 60g. (weniger als angegeben)
Petersilie 20 g. / 20g. (ja)
Pfeffer gemahlen 1 Prise / 0,2g. ()
Paprika (Rosenpaprikapulver) 1 Prise / 0,2g. (ja)
Tomate 120 g. / 120g. (ja)

Kochanleitung:
Die Zwiebel fein würfeln und die Paprika in feine Streifen schneiden. Margarine in einem Topf erhitzen, Zwiebel und Paprika sowie Reis darin andünsten und mit der Gemüsebrühe aufgießen. Nelken und Lorbeerblätter dazugeben und im geschlossenen Topf ca. 20 Min. ausquellen lassen. Das Tomatenfleisch in 1 cm große Würfel schneiden und 5 Min. vor Garzeitende zum Reis geben.

3.37 Pikante Avocadocreme mit Hüttenkäse

Hilft bei Entzündungen, Schwellungen, Schmerzen und Juckreiz. Stärkt Magen und Verdauungssystem, entgiftet, bakterizid.

Anzahl Portionen: 4
Kalorien p. Portion 613
Gramm p. Portion 271,25
Kochdauer ca. 15 Min.
Allergene: G
(Kohlehydrat:39% / Eiweiß & Fett:61%)
100g.≈ Eiweiß 11,04g. Fett:40,92g.
µg. - Ph:7,44 Na:14,84 Ka:19,28 Mg:1,27 Ca:2,23 Fe:0,03 Zn:0,03 Col.:0,06 Hsr.:1,09

Zutaten:
Avocado 2 Stück / 600g. (ja)
Pfeffer gemahlen 1 Prise / 0,5g. ()
Salz 1 Prise / 1g. (wenig)
Zitrone Saft 1/2 Stück / 15g. (ja)
Paprika (Rosenpaprikapulver) 1 Prise / 1g. (ja)
Olivenöl 1 EL / 10g. (ja)
Chili (Schote oder gemahlen) 1 Prise / 0,5g. (ja)
Kräuter verschiedene 1 EL / 7g. (ja)
Hüttenkäse 1 Becher / 250g. (wenig)
Brot mit Johannisbrotkernmehl 8 Scheiben / 200g. (ja)

Kochanleitung:
Avocadofleisch pürieren und mit reichlich gemahlenem Pfeffer,
Zitronensaft, Rosenpaprika, einigen Tropfen Öl, Chili, frischen
gehackten Kräutern und einer Prise Salz würzen. Hüttenkäse (etwa
gleiche Menge wie Avocadocreme) vorsichtig untermengen. Passt zu:
Kartoffeln und Hirse, mit denen die Avocadocreme in Kombination mit
Gemüsegerichten, Hülsenfrüchten oder Blattsalaten eine delikate
Mahlzeit ergibt. Eignet sich auch sehr gut als Vorspeise oder als
Mitbringsel auf Partys und als Morgenmahlzeit im Sommer, zusammen
mit einem milden Gericht aus Linsen oder Adzukibohnen und
geraspeltem Rettich.

3.38 Pikante Tofu-Gemüse-Pfanne

Stärkt Magen, lindert Verstopfung, entgiftet, lindert Entzündungen,
verbessert Durchblutung, fördert Schwitzen, löst Stagnation, lindert
Blähungen, senkt Blutdruck, bakterizid, stärkt Immunsystem, beugt
Krebs vor, reduziert Strahlenverletzungen.
Anzahl Portionen: 4
Kalorien p. Portion 241
Gramm p. Portion 329,38
Kochdauer ca.   25 Min.
Allergene: EN
(Kohlehydrat:67,31% / Eiweiß & Fett:32,69%)
100g.≈ Eiweiß 7,37g. Fett:7,33g.
µg. - Ph:15,05 Na:17,26 Ka:39,42 Mg:9,54 Ca:13,3 Fe:0,3 Zn:0,02 Col.:0,01 Hsr.:7,29

Zutaten:
Sesamöl 2 EL / 20g. (wenig)
Karotte (Mohrrübe, Möhre) 2 Stück / 100g. (ja)
Fenchel 1 Stück / 250g. (ja)
Lauch (Porree) 1 Stück / 200g. (ja)
Salz 1 Prise / 1g. (wenig)
Kurkuma (Gelbwurz) 1 Prise / 1g. (ja)
Zitrone Saft 1 Spritzer / 1g. (ja)
Soja Tofu 1 Paket / 120g. (ja)
Pfeffer gemahlen 1 Prise / 0,5g. ()
Sojasauce 1 Schuss / 3g. (wenig)
Reis Vollkorn 1 Tasse / 120g. (ja)
Wasser 6 Tassen / 500g. (wenig)
Salz 1 Prise / 1g. (wenig)

Kochanleitung:
In einem heißen Wok oder einer heißen Pfanne Sesamöl erhitzen.
Kleingeschnittene Karotten, Fenchel und Lauchscheiben darin anbraten
und mit Salz, einem Spritzer Zitronensaft und Kurkuma würzen.
Tofuwürfel 1-2 Min. mitbraten. Pfeffer dazugeben und zugedeckt etwa 5
Min. schmoren lassen, dann mit Sojasoße beträufeln. Den Reis in
gesalzenem Wasser aufkochen lassen und bei kleiner Hitze ca. 15 Min.
quellen lassen.

3.39 Quarkknödel auf Erdbeermus

Erdbeeren stärken Milz, Magen und Blut. Eier beruhigen Nerven und
Magen.
Anzahl Portionen: 5
Kalorien p. Portion   553
Gramm p. Portion   296,2
Kochdauer ca.   30 Min.
Allergene: ACG
(Kohlehydrat:40,09% / Eiweiß & Fett:59,91%)
100g.≈ Eiweiß 18,89g. Fett:46,85g.
µg. - Ph:26,63 Na:18,36 Ka:29,44 Mg:4,74 Ca:12,16 Fe:0,21 Zn:0,02 Col.:2,41 Hsr.:3,59

Zutaten:
Topfen (Quark) 20% 500 g. / 500g. (empfehlenswert)
Dinkel Gries 150 g. / 150g. (ja)
Butter Bio 40 g. / 40g. (ja)
Huhn Ei 2 Stück / 120g. (ja)
Zucker (Staubzucker) 2 EL / 20g. (ja)
Salz 1 Prise / 1g. (wenig)
Brösel (Weizenbrot, Semmel) 3 EL / 25g. (ja)

Butter Bio 100 g. / 100g. (ja)
Erdbeere 500 g. / 500g. (ja)
Zucker (Staubzucker) 3 EL / 25g. (ja)

Kochanleitung:
Quark, Grieß, Butter, Eier, Puderzucker und Salz zu einem glatten Teig
verrühren. Den Teig ca. 15 Min. im Kühlschrank ruhen lassen. Danach
kleine Knödel (ca. 4 cm) formen und in leicht kochendem Salzwasser
ca. 10 Min. ziehen lassen. In einer Pfanne Butter erwärmen und die
Brösel darin goldbraun anrösten. Die Knödel vorsichtig in den Bröseln
wälzen. Aus Erdbeeren und Puderzucker mit dem Mixstab ein Mus
pürieren und zu den Knödeln reichen.

3.40 Reis mit Pastinake

Vitaminreich, Mineralstoffe Kalium und Zink. Bei
Durchblutungsstörungen, Thrombose, Emboliegefahr, Bluthochdruck,
Kopfschmerzen, Herzinfarkt, Schlaganfall, Hefepilzinfektionen.
Anzahl Portionen: 3
Kalorien p. Portion 206
Gramm p. Portion 261,33
Kochdauer ca. 45 Min.
Allergene:
(Kohlehydrat:78,37% / Eiweiß & Fett:21,63%)
100g.≈ Eiweiß 5,17g. Fett:4,53g.
µg. - Ph:20,16 Na:2,09 Ka:94,99 Mg:7,61 Ca:10,6 Fe:0,15 Zn:0,07 Col.:0 Hsr.:12,18

Zutaten:
Reis Sorte beliebig 1 Tasse / 120g. (ja)
Wasser 2 Tassen / 200g. (wenig)
Salz 1 Prise / 1g. (wenig)
Pastinake 3-4 Stück / 450g. (wenig)
Olivenöl 1 EL / 10g. (ja)
Salbei 1 TL / 3g. (ja)

Kochanleitung:
Pastinake schälen und in Scheiben schneiden. Kurz in Öl anbraten.
Reis hinzugeben und kurz mitbraten. Mit Wasser übergießen und
mindestens 30 Min. lang kochen lassen. Mit etwas frischem gehacktem
Salbei bestreuen.

3.41 Rhabarberkuchen mit Streuseln

Führt ab, senkt Fieber, schont die Verdauungsorgane, entgiftet, wirkt bei Appetitlosigkeit, Blähungen, Darmentzündung. Lindert Schmerzen, bakterizid, hilft bei brüchigen Nägeln und Haaren, bei trockener Haut, Akne und Ekzemen.

Anzahl Portionen: 8
Kalorien p. Portion 476
Gramm p. Portion 239,5
Kochdauer ca. 1 1/2 Stunden
Allergene: AG
(Kohlehydrat:71,96% / Eiweiß & Fett:28,04%)
100g.≈ Eiweiß 12,4g. Fett:15,41g.
µg. - Ph:14,75 Na:1,3 Ka:29,73 Mg:3,75 Ca:5,17 Fe:0,2 Zn:0,02 Col.:0,01 Hsr.:12,08

Zutaten:

Weizen Mehl 400 g. / 400g. (ja)
Kuhmilch (Vollmilch 3,5 % Fett) 250 ml. / 200g. (ja)
Hefe 30 g. / 30g. (wenig)
Honig 2 TL / 5g. (ja)
Sonnenblumenöl 2 TL / 5g. (wenig)
Zitrone Schale 1 Stück / 3g. (ja)
Salz 1 Prise / 1g. (wenig)
Rhabarber 1 Kg / 800g. (wenig)
Margarine 120 g. / 120g. (ja)
Weizen Mehl 300 g. / 300g. (ja)
Vanillezucker natur 2 Prisen / 1g. (ja)
Zimtpulver 2 Prisen / 1g. (ja)
Honig 5 EL / 50g. (ja)

Kochanleitung:

Mehl, abgeriebene Zitronenschale und Salz mischen. Milch leicht erwärmen und mit Hefe und Honig verrühren. Mehlgemisch und Öl zugeben und kräftig durchkneten. Den Teig zugedeckt an einem warmen Ort gehen lassen, bis er die doppelte Menge erreicht hat (ca. 30 Min.). Für die Streusel Mehl mit Vanille und Zimt mischen, danach Honig und Margarine zufügen und zu einer krümeligen Masse verarbeiten. Streuselteig noch kühl stellen. Ein Backblech mit Backpapier auslegen. Den Teig für den Boden noch einmal durchkneten, ausrollen, auf das Backblech legen und noch einmal 10 Min. gehen lassen. Den Rhabarber waschen, putzen, längs halbieren und in ca. 3 cm große Stücke schneiden. Die Stücke gleichmäßig auf dem ausgerollten Teig verteilen und die Streusel über den gesamten Kuchen krümeln. Den Kuchen in dem auf 175 Grad vorgeheizten Backofen ca. 40 Min. backen.

3.42 Rindfleisch-Kürbis-Gemüse-Eintopf

Lindert Entzündungen, verbessert Verdauung, reduziert Blutzucker, stärkt Muskeln, Sehnen und Knochen, hilft Fett zu verdauen.

Anzahl Portionen: 4
Kalorien p. Portion 368
Gramm p. Portion 403,88
Kochdauer ca. 1 Stunde
Allergene: AL
(Kohlehydrat:47,68% / Eiweiß & Fett:52,32%)
100g.≈ Eiweiß 30,33g. Fett:11,31g.
µg. - Ph:18,15 Na:12,9 Ka:63,49 Mg:6,73 Ca:14,8 Fe:0,3 Zn:0,08 Col.:1 Hsr.:11,31

Zutaten:
Rind Fleisch 350 g. / 350g. (wenig)
Kürbis 350 g. / 350g. (ja)
Lauch (Porree) 150 g. / 150g. (ja)
Kartoffel 350 g. / 350g. (wenig)
Tomate 150 g. / 150g. (ja)
Olivenöl 2 EL / 25g. (ja)
Grundrezept für eine Gemüsebrühe nahrhaft 125 g. / 125g. (wenig)
Salz 1 Prise / 1g. (wenig)
Pfeffer gemahlen 1 Prise / 0,5g. ()
Paprika (Rosenpaprikapulver) 1 TL / 2g. (ja)
Kümmel gemahlen 1 Prise / 1g. (ja)
Zucker Ursüße (Zuckerrohr) süß 1 Prise / 1g. (ja)
Petersilie 1/2 Bund / 30g. (ja)
Weißbrot (Weizenbrot) 4 Scheiben / 80g. (ja)

Kochanleitung:
Rindfleisch in Würfel schneiden. Kürbis schälen und würfeln. Lauch in Ringe schneiden und geschälte Kartoffeln würfeln. Die Tomaten mit kochendem Wasser überbrühen, Haut abziehen und würfeln. Fleisch in Olivenöl anbraten und mit Gemüsebrühe auffüllen. Das geputzte Gemüse dazugeben und mit Salz, Pfeffer, Paprika, Kümmel und Fruchtzucker abschmecken. 30 Min. bei schwacher Hitze schmoren. Noch einmal würzen und mit Petersilie bestreut mit Weißbrot servieren.

3.43 Schnellpolenta mit Avocado und Frühlingszwiebel

Gut bei Entzündungen, Schwellungen und Schmerzen. Stärkt Magen und Milz, harntreibend, lässt Gallensaft fließen, löst Stagnation, liefert ungesättigte Fettsäuren, antioxidativ.

Anzahl Portionen: 2
Kalorien p. Portion 449
Gramm p. Portion 286
Kochdauer ca. 10 min.
Allergene:
(Kohlehydrat:55% / Eiweiß & Fett:45%)
100g.≈ Eiweiß 6,92g. Fett:27,5g.
μg. - Ph:16,92 Na:0,99 Ka:54,42 Mg:8,7 Ca:3,02 Fe:0,13 Zn:0,17 Col.:0,01 Hsr.:3,78

Zutaten:
Mais (Schnellpolenta) 1 Tasse / 120g. (ja)
Wasser 2 Tassen / 240g. (wenig)
Olivenöl 1 EL / 15g. (ja)
Salz 1 Prise / 1g. (wenig)
Pfeffer gemahlen 1 Prise / 0,5g. ()
Zitrone Saft 1 Schuss / 3g. (ja)
Zwiebel Frühlingszwiebel 2 Stück / 40g. (ja)
Avocado 1/2 Stück / 150g. (ja)
Kurkuma (Gelbwurz) 1 Prise / 1g. (ja)
Basilikum (frisch) 1 TL / 2g. (ja)

Kochanleitung:
Wasser erhitzen. Öl, Zitrone und Gewürze dazugeben. Wenn das Wasser kocht, Polenta unter ständigem Rühren einrieseln lassen und 2 Min. kochen. Wenn der Brei fest wird, ist die Polenta ferti Gewürfelte Avocado und geschnittene Frühlingszwiebel unter die Polenta mischen. Mit frischem Basilikum überstreuen.

3.44 Selleriesuppe

Stärkt Magen, beruhigt Nerven, fördert Appetit und Verdauung, löst Stagnation.

Anzahl Portionen: 4
Kalorien p. Portion 101
Gramm p. Portion 285,62
Kochdauer ca. 45 Min.
Allergene: ACGL
(Kohlehydrat:43,65% / Eiweiß & Fett:56,35%)
100g.≈ Eiweiß 4,33g. Fett:5,7g.
μg. - Ph:11,03 Na:20,2 Ka:44,23 Mg:2,49 Ca:11,41 Fe:0,11 Zn:0,01 Col.:1,44 Hsr.:8,46

Zutaten:
Wasser 1/2 Liter / 500g. (wenig)
Butter Bio 1 EL / 15g. (ja)
Muskatnuss 1 Prise / 1g. (ja)
Salz 1 Prise / 1g. (wenig)
Dinkel Vollkornmehl 2-3 TL / 25g. (wenig)
Sellerie Knolle 1 Stück / 500g. (ja)
Huhn Ei 1 Stück / 55g. (ja)
Sahne sauer 10% 2-3 EL / 25g. (ja)
Sellerie Stangensellerie 2 EL / 20g. (ja)
Pfeffer gemahlen 1 Prise / 0,5g. ()

Kochanleitung:
1 EL Butter in einem Topf zerlassen. Eine Messerspitze Muskat, eine Prise Salz und 2-3 TL Dinkelvollkornmehl (fein und möglichst frisch gemahlen) hineingeben und unter Rühren zu einer Schwitze verarbeiten. 500 ml heißes Wasser nach und nach einrühren und den großen, fein geschnittenen Knollensellerie zugeben. Etwa 35 Min. garen und danach pürieren. 1 Eigelb mit der Sahne verrühren und in der heißen, nicht mehr kochenden Suppe, kräftig untermengen. Einige Sellerieblätter fein gehackt dazugeben und mit Pfeffer und Salz abschmecken.

3.45 Spargel-Kräuter-Ragout

Harntreibend, fördert Durchblutung, beugt Krebs vor, löst Stagnation, fördert Gewichtsabnahme, regt Leberfunktion an. Gut bei Abwehrschwäche, Appetitlosigkeit, Blähungen, Bluthochdruck, Depressionen, Diabetes, Durchfall.

Anzahl Portionen: 4
Kalorien p. Portion 168
Gramm p. Portion 465,5
Kochdauer ca. 30 Min.
Allergene: GL
(Kohlehydrat:78% / Eiweiß & Fett:22%)
100g.≈ Eiweiß 7,54g. Fett:4,09g.
µg. - Ph:2,55 Na:0,54 Ka:11,94 Mg:2,69 Ca:9,45 Fe:0,06 Zn:0,02 Col.:0 Hsr.:1,09

Zutaten:
Grundrezept für eine Gemüsebrühe nahrhaft 500 ml / 500g. (wenig)
Zitrone Schale 1/2 Stück / 3g. (ja)
Koriander 1/4 TL / 1g. (ja)
Muskatnuss 1 Prise / 0,3g. (ja)
Spargel (grün oder weiß) 800 g. / 800g. (ja)
Petersilie 1 Bund / 125g. (ja)

Creme fraîche 2 EL / 30g. (wenig)
Zitrone Saft 1 TL / 3g. (ja)
Kartoffel 400 g. / 400g. (wenig)

Kochanleitung:
Kartoffeln in reichlich gesalzenem Wasser ca. 20 Min. weich kochen.
Gemüsebrühe mit Zitronenschale, Koriander und Muskat zum Kochen
bringen. Den geschälten und in Stücke geschnittenen Spargel darin
weich kochen. Spargel in ein Sieb abgießen. Die Flüssigkeit auffangen
und im Mixer mit 200 g (die unteren Enden) des gekochten Spargels
und der Petersilie zu einer glatten Soße mixen. Crème fraîche
einrühren, den Spargel untermischen und nochmals erhitzen. Mit
Zitronensaft, Salz und Pfeffer abschmecken und mit den Kartoffeln
servieren.

3.46 Überbackenes Chicoréegemüse

Liefert Mineralien und Vitamine (A,B,C), befeuchtet Darm.
Anzahl Portionen: 2
Kalorien p. Portion 231
Gramm p. Portion 460,5
Kochdauer ca. 20 Min.
Allergene: AG
(Kohlehydrat:74,2% / Eiweiß & Fett:25,8%)
100g.≈ Eiweiß 6,05g. Fett:7,04g.
µg. - Ph:20,06 Na:8,39 Ka:61,13 Mg:9,33 Ca:10,83 Fe:0,3 Zn:0,07 Col.:0 Hsr.:8,96

Zutaten:
Chicorée 4 Stück / 500g. (ja)
Sahne, süß 30% 2 EL / 40g. (wenig)
Brösel (Weizenbrot, Semmel) 2 EL / 20g. (ja)
Reis Basmatireis 1/2 Tasse / 60g. (ja)
Wasser 3 Tassen / 300g. (wenig)
Salz 1 Prise / 1g. (wenig)

Kochanleitung:
Den ganzen Chicorée ca. 5 Min. blanchieren, in eine Auflaufform
geben, etwas süße Sahne und Semmelbrösel darauf verteilen und
überbacken. Den Reis in gesalzenem Wasser aufkochen lassen und
auf niedriger Stufe ca. 15 Min. quellen lassen.

3.47 Vanillecreme mit Beeren

Stärkt die Abwehr gegen Pilzinfektionen, abführend, entgiftend, blutreinigend. Gut bei Körperschwäche, chronischer Verstopfung, Gewichtsverlust.

Anzahl Portionen: 4
Kalorien p. Portion 282
Gramm p. Portion 272
Kochdauer ca. 15 Min.
Allergene: G
(Kohlehydrat:27,7% / Eiweiß & Fett:72,3%)
100g.≈ Eiweiß 13,39g. Fett:31,23g.
µg. - Ph:23,97 Na:6,5 Ka:32,71 Mg:3,46 Ca:21,12 Fe:0,1 Zn:0,02 Col.:0,41 Hsr.:1,8

Zutaten:
Topfen (Quark) 20% 400 g. / 400g. (empfehlenswert)
Joghurt (natur, 1,5 % Fett) 150 g. / 150g. (ja)
Zucker braun 2 TL / 8g. (ja)
Acerola Fruchtnektar oder Pulver 1 TL / 2g. (wenig)
Vanillezucker natur 3 paket / 3g. (ja)
Sahne, süß 30% 125 g. / 125g. (wenig)
Erdbeere 100 g. / 100g. (ja)
Himbeere 100 g. / 100g. (wenig)
Brombeere 100 g. / 100g. (ja)
Heidelbeere 100 g. / 100g. (wenig)

Kochanleitung:
Quark, Joghurt, Zucker, Acerola und Vanillezucker mit dem Handrührgerät oder Schneebesen glatt rühren. Sahne sehr steif schlagen, unter die Quarkcreme mischen und portionsweise mit den Beeren anrichten.

3.48 Weizengrießklößchen mit Olivenkräutersoße und Salat

Schont die Verdauungsorgane, entgiftet, löst Stagnation, lindert Müdigkeit. Gut bei Appetitlosigkeit, Blähungen, Darmentzündung, Fettsucht, Gicht, Magengeschwür, Magenkrämpfen, Rheuma, Sodbrennen.

Anzahl Portionen: 3
Kalorien p. Portion 245
Gramm p. Portion 291,17
Kochdauer ca. 15 Min.
Allergene: ACGL
(Kohlehydrat:76,69% / Eiweiß & Fett:23,31%)
100g.≈ Eiweiß 7,65g. Fett:9,47g.
µg. - Ph:13,31 Na:7,52 Ka:19,16 Mg:23,89 Ca:91,54 Fe:0,29 Zn:0,04 Col.:3,02 Hsr.:8,16

Zutaten:
Sahne, süß 30% 40 g. / 40g. (wenig)
Wasser 65 ml / 65g. (wenig)
Weizen Gries 100 g. / 100g. (ja)
Huhn Ei 1 Stück / 60g. (ja)
Pfeffer gemahlen 1 Prise / 0,5g. ()
Zitrone Schale 1 Prise / 1g. (ja)
Zwiebel weiss 1 Stück / 60g. (ja)
Olivenöl 1 TL / 2g. (ja)
Lauchzwiebel Schnittlauch 1 EL / 7g. (ja)
Grundrezept für eine Gemüsebrühe nahrhaft 500 ml / 500g. (wenig)
Kopfsalat 2 Handvoll / 30g. (ja)
Olivenöl 1 TL / 3g. (ja)
Zitrone Saft 1 TL / 3g. (ja)
Oregano frisch 1 TL / 2g. (ja)

Kochanleitung:
Sahne und Wasser mischen und zum Kochen bringen. Den
Weizengrieß einrühren und zu einem dicken Brei kochen. Vom Herd
nehmen, das Ei verquirlen und unterrühren, mit Pfeffer und etwas
geriebener Zitronenschale würzen. Mit 2 Kaffeelöffeln Klößchen
abstechen und in der leicht kochenden Gemüsebrühe ziehen lassen,
bis sie oben schwimmen. Die Zwiebel klein hacken, im Olivenöl in einer
Pfanne rösten, die Grießklößchen darin schwenken und auf Teller
geben. Mit fein geschnittenem Schnittlauch bestreuen. Salat waschen
und in feine Streifen schneiden. Mit Olivenöl, Zitronensaft und Oregano
würzen.

3.49 Zwetschgenkuchen

Entwässert den Körper, regt die Verdauung an, bindet Fette im Darm,
lindert Schmerzen, entgiftet, bakterizid, beugt Krebs vor. Gut bei
Appetitlosigkeit, Blähungen, Darmentzündung, Fettsucht, Gicht,
Magengeschwür, Magenkrampf, Rheuma, Sodbrennen.
Anzahl Portionen: 6
Kalorien p. Portion   503
Gramm p. Portion   307,83
Kochdauer ca.   1 Stunde
Allergene: AG
(Kohlehydrat:71,38% / Eiweiß & Fett:28,62%)
100g.≈ Eiweiß 12,33g. Fett:19,28g.
µg. - Ph:15,91 Na:4,6 Ka:32,67 Mg:3 Ca:5,23 Fe:0,16 Zn:0,02 Col.:0,05 Hsr.:8,3

Zutaten:
Topfen (Quark) 20% 200 g / 200g. (empfehlenswert)
Weizen Mehl 400 g. / 400g. (ja)
Kuhmilch (Vollmilch 3,5 % Fett) 6 EL / 70g. (ja)
Rapsöl 6 EL / 70g. (ja)
Honig 8 EL / 100g. (ja)
Backpulver 1 Paket / 3g. (ja)
Salz 1 Prise / 1g. (wenig)
Zimtpulver 1 TL / 3g. (ja)
Zwetschken 1 Kg / 1000g. (wenig)

Kochanleitung:
Mehl, Quark, Milch, Öl, Honig, Salz und Backpulver zu einem glatten
Teig verrühren. Den Teig 15. Min. kühl stellen und quellen lassen. Auf
einem mit Backpapier ausgelegten Backblech den Teig auslegen, die
Pflaumen gleichmäßig darauf verteilen und mit dem Zimt bestreuen. Für
ca. 40 Min. bei 190 Grad backen.

4 Wirkung der Lebensmittel

4.1 Zutaten verwenden: empfehlenswert

Lachs
Mittelmeerfisch (Kabeljau, Scholle,
Schellfisch, Seeaal, Makrele)
Nudeln (Vollkorn) mit Ei
Nudeln (Weizen) mit Ei
Nudeln (Weizen, Bandnudeln) mit Ei
Nudeln (Weizen, Lasagneblätter) mit Ei
Nudeln (Weizen, Spagetti) mit Ei
Topfen (Quark) 20%

4.2 Zutaten verwenden: ja

Adzukibohnen
Agar-Agar, Agartang
Ahornsirup
Amaranth
Amaranth POPS
Andornkraut
Angelikawurzel
Anis (gemeiner Fenchel)
Astronautenkost
Aubergine
Avocado
Backpulver
Baldrian
Bambussprossen
Banchatee
Bärentraubenblätter
Bärlauch (Knoblauchspinat)
Basilikum

Basilikum (frisch)
Bataviasalat
Benediktinerdistel
Berberitzenrindetee
Bitterklee
Blätterteig
Blattsalate (bitter)
Blumenkohl (Karfiol)
Blütenpollen
Bockshornklee
Bohnen (grün, frisch)
Bohnenkraut
Bohnenöl
Borretsch
Borretschöl
Boxhornkleesamen
Bratöl
Brennnessel

Brie
Brombeerblätter
Brombeere
Brösel (Weizenbrot, Semmel)
Brot mit Johannisbrotkernmehl
Brötchen (Semmel)
Buchweizen
Buchweizen (geröstet) Kasha
Bulgur (Getreide)
Buschbohnen
Butter (halbfett)
Butter Bio
Butterbohnen weiße
Butterschmalz
Chicorée
Chili (Schote oder gemahlen)
Chinakohl
Chlorella (Süßwasser)
Chrysanthemenblütentee
Couscous
Cranberries
Cumin (Kreuzkümmel)
Curry
Currypaste rot
Dashi
Dill
Dinkel
Dinkel Flocken
Dinkel Gries
Distelöl
Eibisch (Hibiscus)
Eisbergsalat
Endiviensalat
Enzianwurzel
Erbse, grün
Erbsen
Erdbeere
Erdbeermarmelade
Essig (Apfelessig)
Essig (Rotweinessig)
Essig Aceto Balsamico
Essig Aceto Balsamico weiss
Essiggurke
Estragon
Färberdiestel (Hong Hua)
Färberginsterkraut
Feldsalat
Fenchel
Fenchelsamen gemahlen
Fencheltee
Flaschenkürbis
Flohsamen
Fruchtzucker (Fruktose, Traubenzucker)

Gänseblümchen
Gerste
Gerste (Nacktgerste)
Gerste (Perlgerste)
Gerstengras Pulver
Gerstengraupen
Gerstengrütze
Gerstenmalz
Gerstenmehl
Getreidekaffee
Ginsengwurzel
Glühweingewürzmischung
Grüner Tee
Gurke
Gurke (bitter)
Gurke (Gewürzgurke)
Hafer
Hafer Flocken (Vollkorn)
Hafer Flocken geröstet
Hafer Mehl
Hafer Milch
Hafer Schmelzlocken (Babynahrung)
Hafer Schrot
Hibiskustee
Himbeerblättertee
Hirse
Hirseflocken
Hokkaidokürbis
Holunderblütentee
Honig
Hopfen
Huhn Ei
Huhn Eigelb
Huhn Eiweiß
Ingwer frisch
Ingwer Pulver
Ingweröl
Jasminblütentee
Joghurt (natur, 1,5 % Fett)
Joghurt (natur, 3,5 % Fett)
Johannisbrotkernmehl
Kamille
Kapuzinerkresse
Karotte (Frühkarotte)
Karotte (Mohrrübe, Möhre)
Karottensaft ohne Zucker
Käsepappeltee
Kerbel
Kerbel getrocknet
Kichererbsen
Klettenwurzeltee
Knäckebrot
Knoblauch
Kohlrabi

Kohlrübe
Kokosmilch
Kokosnussfleisch
Kokosraspeln
Kopfsalat
Koriander
Koriandergrün
Kräuter bittere
Kräuter der Provence
Kräuter verschiedene
Kräuter Wildkräuter
Kräuterteemischung
Kresse
Kuhmilch (1,5 % Fett)
Kuhmilch (Vollmilch 3,5 % Fett)
Kukichatee
Kümmel
Kümmel gemahlen
Kürbis
Kurkuma (Gelbwurz)
Lauch (Porree)
Lauchzwiebel Schnittlauch
Lavendelblüten
Leberglättertee
Liebstöckel
Liebstöckelsamen
Limabohnen
Lindenblütentee
Linsen (Helmbohnen)
Linsen gelb
Linsen rot
Linsen schwarz
Longane
Lorbeerblatt
Lotossamen
Lotoswurzeln
Löwenzahn (junger)
Löwenzahnsaft
Löwenzahnwurzeltee
Mais
Mais (geröstet)
Mais (Schnellpolenta)
Mais Gries (Polenta)
Mais Mehl (Maizena)
Maishaartee
Maiskeimöl
Maisstärke
Majoran
Makannastern Samen
Malventee
Malz
Margarine
Margarine (Diät)
Mayonnaise 50%

Mayonnaise 80%
Mehrkornbrot (Graubrot)
Melisse
Mungbohne
Mungbohnensprossen
Muskatnuss
Nachtkerzenöl
Nelke
Nierenbohnen (rote)
Nori, Purpurtang, Rotalge
Oliven
Oliven grün
Olivenöl
Oregano frisch
Oregano getrocknet
Palmöl
Paprika
Paprika (Rosenpaprikapulver)
Paprika (süß)
Passionsblumenblütentee
Peperoni
Peperoni, gelb, entkernt, halbiert
Peperoni, rot, entkernt, halbiert
Petersilie
Petersilienwurzel
Pfeffer Cayenne
Pfeffer Körner
Pfeffer weiss (gemahlen)
Pfefferminze
Pfefferminztee
Pfeilwurzelmehl
Pintobohnen gesprenkelt
Puddingpulver Vanille
Quinoa
Radicchio
Radieschen
Rapsöl
Reis Basmatireis
Reis Duftreis
Reis Gaoliangreis (Sorghum)
Reis Klebreis
Reis Langkornreis
Reis Reisschleim
Reis Roter
Reis Rundkornreis
Reis Schwarzer
Reis Sorte beliebig
Reis Süßer
Reis Vollkorn
Reis Wilder (Naturreis)
Reismalz
Reismehl
Reisnudeln
Reisstärke

Rettich (weiß, grün, lila-rot)
Rettich Meerrettich (Kren)
Rettich schwarz
Rettichblätter (vom Wochenmarkt)
Roggen
Roggenmehl
Römersalat/Lattich-Salat
Rosenblättertee
Rosenblütentee
Rosenkohl
Rosmarin
Rotbarsch
Rote Grütze (ohne Zucker)
Safran
Sago (Getreide)
Sahne 10% Kaffeesahne
Sahne sauer 10%
Salbei
Sanddorn
Saubohnen (Dicke Bohnen)
Sauerkraut
Sauermilch
Sauerrahm 15% Fett
Sauerteig
Schafgarbe
Schafgarbentee
Schafmilch Joghurt
Schafskäse
Schafsmilch
Schimmelkäse
Schlehdorn
Scholle
Schwarzaugenbohnen
Schwarze Bohnen
Schwarzkümmel
Schwarzwurzel
Schwedenkraut (Schwedenbitter)
Sellerie Knolle
Sellerie Stangensellerie
Shiitake, getrocknet
Soja Cuisine (Soja-Sahne)
Soja Tofu
Sojabohne
Sojabohnen, Gelbe
Sojabohnen, Schwarze
Sojabohnen, Schwarze, fermentiert
Sojabohnenmilch
Sojacreme
Sojamehl
Soja-Nudeln
Sojaöl
Spargel (grün oder weiß)
Speiserüben
Spitzwegerichtee

Süßholzwurzeltee
Süßwasserfisch
Teemischung Harnsäuresenkend
Thunfisch
Thymian
Thymian getrocknet
Tomate
Tomatenpüre
Topfen (Quark) 40%
Trauben rot
Trauben weiß
Traubenkernöl
Vanille
Vanillepulver
Vanilleschote
Vanillezucker natur
Vogelmiere
Vogerlsalat (Pflücksalat)
Wacholderbeere
Wachskürbis
Wakame
Walderdbeeren
Wasser heiss
Weißbrot (Weizenbrot)
Weißbrot Baguette
Weißbrot Brösel (Weizenbrot)
Weißbrot Knödelbrot (Weizenbrot)
Weißbrot Salzstangerl
Weißbrot Semmel
Weißdorn
Weiße Bohnen
Weißfischchen
Weißkohl/Weißkraut
Weißwurz
Weizen
Weizen Bulgurweizen
Weizen Fladenbrot
Weizen Flocken
Weizen Gras Pulver
Weizen Gries
Weizen Gries - Kindergries
Weizen Mehl
Weizengrassaft
Wermutkraut
Wildkräuter
Wirsing/Grünkohl
Yamswurzel, Yamswurzelknolle
Yogitee
Ysop
Zimtpulver
Zimtstange
Zitrone
Zitrone Saft
Zitrone Schale

Zitrone, Limette
Zitronengras
Zitronenmelisse (frisch)
Zitronenmelisse (getrocknet)
Zucchini
Zucker (Staubzucker)
Zucker (weiß, aus Rüben)
Zucker braun
Zucker Fructose Fruchtzucker
Zucker Glukose Traubenzucker
Zucker Kandis weiß

Zucker Melasse
Zucker Milchzucker
Zucker Palmzucker
Zucker Ursüße (Zuckerrohr) süß
Zuckerersatz (Süßstoff)
Zwieback
Zwiebel Frühlingszwiebel
Zwiebel rot
Zwiebel Schalotte
Zwiebel weiss

4.3 Zutaten verwenden: wenig

Aal
Acerola Fruchtnektar oder Pulver
Agavendicksaft
Aloesaft
Ananas
Ananassaft ungezuckert
Apfel (sauer)
Apfel (süß)
Aprikose
Aprikosen Marmelade
Artischocke
Austernschalenpulver
Barsch
Beeren der Saison
Birne
Bitter Lemon
Bitterlikör
Bitterorangenschale
Brokkoli
Brombeermarmelade
Buchweizen Vollkorn
Buttermilch
Calamari
Camembert
Channa-Dal
Chenpi (chinesische
Mandarinenschale)
Clementinen
Creme fraiche
Datteln rot
Dinkel Brot
Dinkel Vollkornmehl
Dornhai (Seeaal, Schillerlocken)
Dorsch
Dulse (Lappentang)
Edamer
Eibennuss
Emmentaler
Ente (Frühmastente, schlachtfrisch)
Ente (Herz)

Entenei
Erdnussbutter
Erdnussöl
Fasan
Feige
Fernet Branca (Kräuterbitterlikör)
Feta
Fisch Innereien
Fischreste
Fischsouce
Fischstücke gemischt (Süßwasser)
Flunder
Forelle
Forelle (geräuchert)
Frischkäse
Frischkäse aus Soja
Frischkäse mit Kräuter
Früchtetee
Gagelpflaume
Galgant
Gans
Gans (Gänseklein)
Gans (Gänseschmalz)
Gänseblut
Gänseei
Garam Masala Pulver
Garnele
Gelatine weiss
Gelee Royal
Gewürznelke
Ginkgofrucht
Ginsenglikör
Gorgonzola
Gouda
Granatapfel
Grapefruit getrocknete Schale
Grapefruit/Pampelmuse/Pomelo
Grapefruitsaft
Graskarpfen
Grundrezept für eine Entenbrühe

Grundrezept für eine Fischbrühe
Grundrezept für eine Gemüsebrühe
nahrhaft
Grundrezept für eine Hühnerbrühe
wärmend
Grundrezept für eine Reissuppe
(Congee)
Grundrezept für eine Rinderbrühe
Grundrezept für eine Rinderbrühe
wärmend
Grünkern
Guave
Hagebutte
Hagebuttentee
Haifisch
Hammel
Hase
Hase, wild
Hefe
Heidelbeere
Heidelbeere getrocknet
Heidelbeermarmelade
Heilbutt
Hering
Hijiki
Himbeere
Himbeermarmelade
Hiobsträne (Samen) YiYi Ren
Hirsch Fleisch
Hirsch Knochen
Hirsch Nieren
Holunderbeeren
Honigmelone
Honigwein (Met)
Huhn Blut
Huhn Fleisch
Huhn Herz
Huhn Leber
Huhn Magen
Hummer
Hüttenkäse
Jakobstränen
Johannisbeere (rot)
Johannisbeere (schwarz)
Johannisbeere (weiß)
Johannisbeermarmelade (rot)
Johannisbeermarmelade (schwarz)
Johannisbeernektar (schwarz)
Kabeljau
Kaffee
Kaffeeweißer
Kakao
Kaki-Pflaume
Kaktusfeige

Kalmus
Kaninchen Fleisch
Kaninchen Leber
Kapern (eingelegt)
Karambole/Sternfrucht
Karausche
Kardamom
Karpfen
Kartoffel
Kartoffel (mehlige)
Kartoffelmehl
Kastanien (Maronen)
Kaviar
Kefir
Kirsche
Kirsche (sauer)
Kirschenkompott
Kiwi
Klementine
Kokosfett
Kokosflocken
Kombualge
Kompott (Früchte der Saison)
Korinthen (rot)
Korinthen (schwarz)
Krabbe
Krake
Kumquat
Kürbiskernöl
Kuzu
Lamm Fleisch
Lamm Knochen
Lamm Leber
Lamm Nieren
Lamm Schulter
Languste
Leinöl
Löffelbiskuit
Loquate/Japanische Mispel
Luohan-Frucht
Lychee
Lychee (Konserve)
Magermilchpulver
Makrele
Mandarine
Mango
Mangopulver
Maniokmehl
Maulbeerfrucht
Meeräsche
Meereskrebs
Miesmuscheln
Mirabelle
Miso

Miso schwarz (fermentiert)
Mispel
Mixed Pickels
Molke
Moosbeere
Morchel (schwarz, getrocknet)
Mozzarella
Müsli
Nektarine
Odermennig
Okra
Orange
Orange abgeriebene Schale
Orange getrocknete Schale
Orange Schale
Orangenblüten
Orangenmarmelade
Papaya
Passionsfrucht (Maracuja)
Pastinake
Pferd Fleisch
Pfirsich
Pfirsich (Dose)
Pflaume
Piment
Preiselbeere
Preiselbeermarmelade
Preiselbeersaft
Prosecco
Pumpernickel
Pute Brustfleisch
Pute Schinken
Qualle
Quargel 20%
Quitte
Reh Fleisch
Reineclaude
Rhabarber
Rind (Kalb)
Rind Filet
Rind Fleisch
Rind Fleischknochen
Rind Herz
Rind Herz (Kalb)
Rind Knochenmark
Rind Leber
Rind Lunge (Kalb)
Rind Magen
Rind Niere
Rind Ochsenschwanzstücke
Rind Suppenfleisch
Roggen Vollkornbrot
Rote Rübe
Rotkohl

Rum
Sahne sauer 20%
Sahne sauer 30%
Sahne, süß 30%
Sake
Salz
Salz Kräutersalz
Sardellen/Sardine
Sauerampfer
Sauerkirsche
Schaffleisch
Schnecke
Schwarztee
Schwein Blut
Schwein Darm
Schwein Fett
Schwein Fleisch
Schwein Haut
Schwein Haxe (Eisbein)
Schwein Herz
Schwein Hirn
Schwein Leber
Schwein Lunge
Schwein Magen
Schwein Markknochen
(Röhrenknochen)
Schwein Mettwurst
Schwein Nieren
Schwein Schinken
Schwein Schinken gekocht
Schwein Schinken geselcht
Schwein Schinkenspeck
Schwein Schmalz
Seegurke
Senf
Senf Dijon
Senf mittelscharf
Senf süß
Senfsamen
Sesamöl
Sesamöl geröstet
Sherry
Shrimps
Silbermorchel, getrocknet
Sojapaste (Miso)
Sojasauce
Sonnenblumenöl
Stachelbeere
Stangenbohnen (Fisolen)
Sternanis
Stevia (Süßkraut)
Stutenmilch
Süßkartoffel
Süßwasserkrebs

Tabasco
Taube
Taube Ei
Tintenfisch
Toastbrot (Vollkorn)
Tomate getrocknet
Tomatenmark
Tomatensaft
Tonicwasser
Traubensaft rot
Traubensaft weiß
Trüffel
Tsampa (geröstetes Gerstenmehl)
Umeboshipaste
Umeboshipflaumen (Japanaprikosen)
Vollkornbrot
Vollkornbrot mit ganzen Körner
Vollkornmehl
Wachtel
Wachtel Ei

Walnussöl
Wasser
Wassermelone
Weißwein
Weizen Mehl Vollkorn
Weizen/Roggen Grau- Schwarzbrot mit Hefe
Weizenkeimöl
Weizenkleie
Wermut
Wildschwein Fleisch
Ziege
Ziegen- und Schafsblut
Ziegen- und Schafshirn
Ziegen- und Schafsleber
Ziegen- und Schafsmagen
Ziegen- und Schafsmilch
Ziegenkäse
Zwetschken

4.4 Kontraindikativ wirkende Lebensmittel nicht verwenden

Aal geräuchert
Ananas (aus der Dose)
Apfelmus
Apfelsaft (Naturtrüb)
Aprikose getrocknet
Aprikosennektar
Austern
Austernpilze
Banane
Banane Kochbanane
Beerensaft
Bier (alkoholarm)
Bier (alkoholfrei)
Bier (Altbier)
Bier (Pils)
Birnensaft
Bocksdornfrüchte (Fructus Lycii) getrocknet
Brombeere getrocknet (unreife)
Campari
Cashewnüsse
Champignon
Colagetränk
Colagetränk (kalorienarm)
Datteln getrocknet
Erdbeersaftgetränk
Erdnuss (geröstet)
Erdnüsse
Feige getrocknet
Gemüsesaft

Haselnüsse
Heidelbeersaft
Himbeere getrocknet (unreife)
Kirschsaft
Kürbiskerne
Laugengebäck
Leinsamen
Leinsamen (geschrotet)
Lycheelikör
Malzbier
Mandelmilch
Mandelmus
Mandeln
Mandeln Marzipan
Mangold
Mangosaft
Marillen
Marillensaft
Martini
Mineralwasser
Mohn
Mu-Erh-Pilz
Obstmischung Fruchtsaft
Orangensaft
Paranuss
Parmesan
Pfifferlinge/Eierschwammerl
Pflaume getrocknet
Pinienkerne
Pistazien

Reishi
Rosinen
Rotwein
Schmelzkäse 12%
Schmelzkäse 30%
Schnaps
Schokolade
Schokolade (Diabetiker)
Schwarzer Fungu Pilz
Schwein Bratwurst

Sesam Paste (Tahini)
Sesam, Schwarzer
Sesam, Weißer
Soja Tofu geräuchert
Sonnenblumenkerne
Spinat
Steinpilz/Herrenpilz
Walnüsse
Walnüsse geröstet
Weizen Bier

5 Komplementär

5.1 Heilbad

5.1.1 Bad zur Entschlackung

Ein Bad zur Entschlackung (Basenbad), regt die natürliche Regeneration der Haut an und unterstützt so auch die Ausscheidung von Säuren und Stoffwechselabfällen. Je länger Sie baden, desto wirkungsvoller ist das Bad.
Entschlackungsbadezusatz in der Apotheke oder dem Drogeriemarkt erhältlich.

5.2 Heil-Tee (Aufguss)

5.3 Baldrian

Blutdrucksenker, Nerven- und Beruhigungsmittel, krampflösend, Linderung klimakterischer Beschwerden.
2 Teelöffel des Tees mit 250 ml kochendem Wasser übergießen und 10 Minuten ziehen lassen. Danach absieben. Nach Bedarf 2 bis 3 Tassen pro Tag trinken.
Wirkstoffe: Baldriansäure, Valepotriate, Bizyklische Sesquiterpene, Alkaloide
Nicht während der Schwangerschaft und Kinder unter 12 Jahren.

5.4 Komplementäre Anwendung

5.4.1 Klangschalentherapie

Durch Klangwellen, die beim Anschlagen einer Klangschale entstehen, lernen die Betroffenen, sich wieder zu entspannen.
Viele Krebs-Patienten leiden vor allem psychisch unter ihrer Erkrankung. Sie können sich nicht mehr richtig entspannen und haben große Angst. Ihnen kann die Klangschalentherapie helfen. Durch Klangwellen, die beim Anschlagen einer Klangschale entstehen, lernen die Betroffenen, sich wieder zu entspannen. Durch die tiefe Entspannung können aber auch Entscheidungen oder Erkenntnisse besser wahrgenommen werden welche einer erfolgreichen Krebstherapie helfen. Die Therapeuten können zu speziellen Fragestellungen motivieren und dann die Patienten in die Entspannung führen. Im Zustand dieser tiefen Entspannung

können die Gedanken dann um so ein Thema kreisen gelassen werden und so eine Verarbeitung von Erfahrungen leichter bewältigt werden.

5.4.2 Lichttherapie

Lichttherapie ist eine komplementäre und schonende Behandlung gegen saisonale Depressionen.

Heute gibt es mit der Lichttherapie, ein komplementäre und schonende Behandlung gegen saisonale Depressionen. Die meisten Patienten fühlen sich bereits nach wenigen Anwendungen wesentlich besser und ein überwältigend hoher Prozentsatz kann sogar dauerhaft vom sogenannten SAD-Syndrom (Erschöpfungssyndrom) geheilt werden. Speziell bei chronischen Erkrankungen können die positiven Wirkungen auf die Psyche stimulieren und so einen Heilerfolg unterstützen.

Eine punktuelle Lichttherapie kann bei Hautkrebs oder im Bereich von Mund und Rachentumoren eingesetzt werden. Dabei wird zunächst eine lichtempfindliche Substanz verabreicht und danach mit speziellen Lichtfrequenzen bestrahlt. Bei der Bestrahlung bilden sich aus den lichtempfindlichen Substanzen aggressive Sauerstoff Moleküle, welche die Tumorzellen direkt abtöten oder zum Verschluss von Blutgefäßen führen, wodurch ebenfalls Tumorzellen abgetötet werden. Das gesunde Gewebe in der Umgebung wird weitestgehend geschont.

5.4.3 Selbsthilfegruppen

Die meisten Mitglieder von Selbsthilfegruppen haben die Erfahrung gemacht, die Belastungen der Erkrankung besser zu bewältigen.

Die meisten Mitglieder von Selbsthilfegruppen haben die Erfahrung gemacht, die Belastungen der Erkrankung besser zu bewältigen. Durch den Erfahrungsaustausch werden die für den jeweiligen Krankheitsverlauf besten Möglichkeiten der Mithilfe bei der Therapie erkannt. Durch die Eingliederung in eine Gemeinschaft wird auch der Zustand der Einsamkeit in seiner Situation bewältigt. Speziell bei der Lösungsfindung zu einzelnen Situationen können selbst Betroffene viel glaubwürdiger ihr Fachwissen vermitteln, als Personen, welche die Methoden lediglich theoretisch gelernt haben. Die Mitglieder können außerdem meistens besser mit Ärzten und Therapeuten sprechen, weil die Themen bereits in den Gruppen besprochen wurden. Außerdem gelingt den Selbsthilfegruppen oft kritische und innovative Impulse auszudrücken, welche zur Veränderung und zum Umdenken im professionellen Bereich beitragen. In Selbsthilfegruppen wird Fachwissen zusammengetragen und durch Erfahrungen der einzelne Betroffenen ergänzt. So entsteht ein ganzheitliches Wissen, das die Mitglieder befähigt, Entscheidungen fundiert zu treffen und in unüberschaubaren

System der Therapieangebote professionelle Dienste sinnvoll zu nutzen. Patienten, die in der Selbsthilfe engagiert sind, haben oft kürzere Klinikaufenthalte, weniger Therapiestunden und einen geringeren Medikamentenverbrauch.

5.4.4 Tuina Massage

Unterstützt den Stressabbau, ist Blockaden lösend und Immunsystem stärkend.
Anwendung nach Vereinbarung mit dem Therapeuten.
Nicht bei Tumoren, akute Verletzungen oder Ulzerationen der Haut.

5.5 Verschiedene Möglichkeiten

5.5.1 Meerrettich

Gut gegen Allergien, Stirnhöhleninfektionen, Nieren - u. Blaseninfektion, Bronchitis, Rheuma, Kopf - u. Zahnschmerzen.
Wirkstoffe: Senföl, Glykoside, Gluconasturtiin, Sinigrin, Vitamin C, Kalium
Zuviel kann zu Reizungen im Magen - Darm u. Niere führen.

6 Grundlagen der Ernährung

Die hier beschriebenen Grundlagen der Ernährung zeigen allgemeine Empfehlungen und beziehen sich nicht auf eine spezielle Therapieform. Die Empfehlungen der Therapie haben Vorrang.

6.1 Ernährung

Die regelmäßige Einnahme von Mahlzeiten in entspannter Atmosphäre. Ein wärmendes Frühstück gilt als guter Start in den Tag. Mittags sollte die Hauptmahlzeit stattfinden - das Abendessen am frühen Abend.

Die Beachtung von Hunger- und Sättigungsgefühlen: Nicht überessen und nicht hungern, so lautet die Regel.

Die frische Zubereitung der Speisen aus naturbelassenen, regionalen Produkten. Tiefgekühlte, hitzekonservierte, industriell vorgefertigte oder mikrowellengegarte Lebensmittel werden gemieden.

Die Auswahl von Lebensmittel nach der Jahreszeit: Im Sommer mehr kühlende Nahrung, im Winter mehr wärmende Nahrung.

Mindestens zweimal am Tag Gekochtes essen. Speisen und Getränke sollen möglichst handwarm, niemals eiskalt oder heiß sein.

Rohkost, kurz gegartes Gemüse, frisch gepresste Säfte und Mineralwasser werden üblicherweise nicht empfohlen. Milch und Milchprodukte stehen nur dann auf dem Speiseplan, wenn sie problemlos vertragen werden.

Therapeutische Rezepte nicht über einen längeren Zeitraum ohne Rücksprache mit dem Arzt oder Therapeuten einnehmen.

1. Vielseitig essen
Lebensmittelvielfalt genießen. Merkmale einer ausgewogenen Ernährung sind abwechslungsreiche Auswahl, geeignete Kombination und angemessene Menge nährstoffreicher und energiearmer Lebensmittel. (Einerseits Schutz vor Unterversorgung mit essentiellen Nährstoffen und andererseits Schutz vor einer überhöhten Zufuhr unerwünschter Inhaltsstoffe.)

2. Reichlich Getreideprodukte - und Kartoffeln
Brot, Nudeln, Reis, Getreideflocken (am besten aus Vollkorn), sowie

Kartoffeln enthalten kaum Fett, aber reichlich Vitamine, Mineralstoffe, Spurenelemente sowie Ballaststoffe und sekundäre Pflanzenstoffe. Diese Lebensmittel sollten mit möglichst fettarmen Zutaten verzehrt werden.

3. Gemüse und Obst - Nimm "5" am Tag ...

5 Portionen Gemüse und Obst am Tag, möglichst frisch, nur kurz gegart, oder auch eine Portion als Saft – idealerweise zu jeder Hauptmahlzeit und auch als Zwischenmahlzeit: Damit werden reichlich Vitamine, Mineralstoffe sowie Ballaststoffe und sekundären Pflanzenstoffe (z.B. Carotinoiden, Flavonoiden) zugeführt. Das Beste, was man für die eigene Gesundheit tun kann.

4. Täglich Milch und Milchprodukte, ein- bis zweimal in der Woche

Fisch; Fleisch, Wurstwaren sowie Eier in Maßen. Diese Lebensmittel enthalten wertvolle Nährstoffe, wie z.B. Calcium in Milch, Jod, Selen und Omega-3-Fettsäuren in Seefisch. Fleisch ist wegen des hohen Beitrags an verfügbarem Eisen und an den Vitaminen B1, B6 und B12 vorteilhaft. Mengen von 300 - 600 g Fleisch und Wurst pro Woche reichen hierfür aus. Fettarme Produkte bevorzugen, vor allem bei Fleischerzeugnissen und Milchprodukten.

5. Wenig Fett und fettreiche Lebensmittel

Fett liefert lebensnotwendige (essenzielle) Fettsäuren und fetthaltige Lebensmittel enthalten auch fettlösliche Vitamine. Fett ist besonders energiereich, daher kann zu viel Nahrungsfett Übergewicht fördern, möglicherweise auch Krebs. Zu viele gesättigte Fettsäuren fördern langfristig die Entstehung von Herz-Kreislauf-Krankheiten. Pflanzliche Öle und Fette bevorzugen (z.B. Raps-, Oliven- und Sojaöl und daraus hergestellte Streichfette). Auf unsichtbares Fett achten, das in Fleischerzeugnissen, Milchprodukten, Gebäck und Süßwaren sowie in Fast-Food- und Fertigprodukten meist enthalten ist. Insgesamt 70 - 90 Gramm Fett pro Tag reichen aus.

6. Zucker und Salz in Maßen

Nur gelegentlich Zucker und Lebensmittel, bzw. Getränke verzehren, die mit verschiedenen Zuckerarten (z.B. Glucose Sirup) hergestellt wurden. Kreativ mit Kräutern und Gewürzen und wenig Salz würzen. Jodiertes Speisesalz bevorzugen.

7. Reichlich Flüssigkeit

Wasser ist absolut lebensnotwendig. Jeden Tag rund 1-2 Liter Flüssigkeit trinken. Wasser (ohne oder mit Kohlensäure) und andere kalorienarme Getränke bevorzugen. Alkoholische Getränke sollten nicht konsumiert werden.

8. Schmackhaft und schonend zubereiten
Die jeweiligen Speisen bei möglichst niedrigen Temperaturen garen,
soweit es geht kurz, mit wenig Wasser und wenig Fett - das erhält den
natürlichen Geschmack, schont die Nährstoffe und verhindert die Bildung
schädlicher Verbindungen.

9. Sich Zeit nehmen und das Essen genießen
Bewusstes Essen hilft, richtig zu essen. Auch das Auge isst mit. Sich
beim Essen Zeit lassen. Das macht Spaß, regt an, vielseitig zuzugreifen
und fördert das Sättigungsempfinden.

10. Auf das Gewicht achten und in Bewegung
Ausgewogene Ernährung, viel körperliche Bewegung und Sport (30 bis
60 Minuten pro Tag) gehören zusammen. Mit dem richtigen
Körpergewicht fühlt man sich wohl und fördert die Gesundheit.
Thermik, Wirkrichtung, Verdauungskraft
Es gibt unterschiedliche Kriterien, die Wirksamkeit von Kräutern und
Lebensmittel zu beurteilen. Der Einsatz der Kräuter und Zutaten basiert
auf Beobachtung, was die Lebensmittel, Kräuter und Gewürze nach
ihrem Verzehr im Körper bewirken. In der Medizin hat sich daraus
folgendes System entwickelt: Jede Zutat oder Kraut hat eine
Wirkrichtung. Außerdem gibt es noch Kräuter, die eine besondere
Wirkung auf bestimmte Organe haben.

Voraussetzung für einen gesunden Stoffwechsel ist es, darauf zu achten,
dass wir ausreichend Energie aus der Nahrung gewinnen und der
Verdauungsprozess so wenig Energie wie möglich verbraucht. Eine
bekömmliche Mahlzeit macht zufrieden und satt, verursacht keine
Blähungen und keine Müdigkeit nach dem Essen. Richtiges Würzen
erhöht die Bekömmlichkeit unserer Speisen. Es genügen oft schon
geringe Mengen an Kräutern und Gewürzen. Sie dienen nicht dazu, uns
satt zu machen, sondern helfen unseren Verdauungsorganen, die
Nahrung zu verdauen.

6.2 Rezepte

Die Rezepte zeigen Ihnen welche Zutaten verwendet werden sowie mit
der Kochanleitung wie diese zubereitet werden. Bei den Zutaten wird
neben den Mengenangaben auch die Wichtigkeit für die Therapie
angezeigt. Wenn dabei angezeigt wird "weniger als angegeben"
versuchen Sie diese Empfehlung einzuhalten oder eine Alternative aus

der Liste der "Empfohlenen Lebensmittel" zu finden. Meistens ist es nur eine leichte geschmackliche Änderung wenn Sie diese Zutat gänzlich weglassen.

Schonende Kochmethoden: Kochen, dämpfen, pochieren, dünsten
Scharfe Kochmethoden: Grillen, rösten, anbraten, räuchern
Ausgeglichene Kochmethoden: Frittieren, Römertopf

Auf das Einfrieren und erwärmen in der Mikrowelle sollte verzichtet werden (Denaturierung).

6.3 Lebensmittel

Lebensmittel wirken wie Heilkräuter auf Körper und Geist, nur wesentlich sanfter. Die Ernährungsberatung stützt sich hauptsächlich auf heimische Lebensmittel. Das Wissen über die Wirkungsweisen jedes einzelnen Lebensmittels und das Wissen wann welche Lebensmittel zur Anwendung kommen, entstammt der Schulmedizin. Verwende Sie möglichst Erzeugnisse aus ökologischen-biologischem Landbau.

Da wegen der besseren Verdaulichkeit grundsätzlich alles lange gekocht und kaum roh gegessen wird, ist die Verträglichkeit hervorragend.

Die Einteilung der Lebensmittel entsprechend ihrer Wirkung auf den Körper und bildet die Basis, um einen ausgewogenen und harmonischen Gesundheitszustand im Körper zu erreichen.

Grundsätzlich empfiehlt die Ernährungsberatung keine bestimmten Lebensmittel für Jedermann. Ausschlaggebend für den individuellen Speiseplan ist vor allem die persönliche Konstitution.

Kaufen Sie nur frisches und reifes Obst und Gemüse ein. Braune Stellen, welke Blätter aber auch unreifes Obst und Gemüse sollten Sie im Supermarkt zurücklassen. Greifen Sie dann zu Tiefkühlware (keine Fertiggerichte!). Tiefkühlobst und -gemüse werden kurz nach dem Ernten schockgefroren und enthalten deshalb oftmals mehr Vitamine und Mineralstoffe, als die Ware aus der Obst- und Gemüsetheke! Konserven- und Dosenware dagegen enthält wesentlich weniger Biostoffe. Zudem werden Letztere meist mit Salz, Zucker usw. angereichert. Lassen Sie die Zutaten nach dem Waschen nie im Wasser liegen, denn so gehen viele Vitalstoffe ins Wasser über! Putzen Sie Salate, Früchte und Gemüse erst unmittelbar vor Verzehr.

Beachten Sie bitte die hygienische Verarbeitung der Lebensmittel. Waschen Sie Ihre Salate, Früchte und Gemüse gründlich. Bei Gerichten mit Fleisch bereiten Sie zuerst die Zutaten vor und verarbeiten dann die Fleischprodukte. Reinigen Sie danach die Arbeitsflächen und Werkzeuge besonders gründlich. Holzunterlagen sollten regelmäßig mit leichtem Desinfektionsmittel behandelt werden um die Keimbildung einzuschränken.

Bewahren Sie Obst und Gemüse möglichst getrennt voneinander auf. Auch geerntete Früchte und Gemüse leben und strömen z.B. Ethylengas aus, das andere Sorten schneller reifen und altern lässt. Fleisch und Fisch in der verschlossenen Verpackung lassen oder in luftdichten Boxen im Kühlschrank aufbewahren.

6.4 Kräuter

Bei der Aufbewahrung und Lagerung von Heilkräutern, müssen gewisse Grundregeln beachtet werden. Grundsätzlich müssen Heilkräuter geschützt vor direkter Sonneneinstrahlung, vor Feuchtigkeit und vor heißen Temperaturen gelagert werden.

Als Gefäße für die Lagerung von Heilkräutern können Gläser, Keramik-Behälter und zur Not auch Plastik-Dosen eingesetzt werden. Plastik ist aber ein sehr unreines Material und sollte daher wirklich nur eine kurzfristige Notlösung sein. Bei Glasbehältern ist darauf zu achten, dass dunkles Glas verwendet wird.

Heilkräuter können nicht beliebig lange aufbewahrt werden. Die Haltbarkeit von Heilkräutern ist auf jeden Fall begrenzt. Durch die Haltbarkeitsdauer kann durch sachgerechte Lagerung wesentlich erhöht werden. So soll der Lagerplatz dunkel, eher kühl und absolut trocken sein. Ein Medizinschrank aus Holz, der nicht direkt bei einer Wärmequelle platziert ist wäre ideal. Um Ihre Heilkräuter nicht wegwerfen zu müssen, kaufen Sie nicht zu große Mengen an Heilpflanzen. Beschriften Sie die Behälter mit dem Namen des Heilkrauts und dem Datum der Ernte bzw. der Verarbeitung.

7 Weitere Ernährungsvorschläge

Folgende Syndrome der Diätetik, der TCM oder als Therapieergänzung bei Krebs sind verfügbar.

DIÄTETIK

1. Ernährung des Säuglings - Beikost
2. Ernährung in der Stillzeit
3. Ernährung im Alter
4. Ernährung von Kindern und Jugendlichen
5. Ernährung von Sportlern
6. Leichte Vollkost
7. Schwangerschaft
8. Vollkost

Eiweiß und Elektrolyt – Nieren

9. (Hämo-)Dialysebehandlung
10. Akutes Nierenversagen
11. Chronische Niereninsuffizienz
12. Nephrotisches Syndrom
13. Nierensteine (Nephrolithiasis)

Gastrointestinaltrakt - Bauchspeicheldrüse

14. Akute Pankreatitis (Entzündung der Bauchspeicheldrüse)
15. Chronische Pankreatitis (Entzündung der Bauchspeicheldrüse)

Gastrointestinaltrakt - Dünndarm und Dickdarm

16. Akute Obstipation (Verstopfung)
17. Chronische Obstipation (Verstopfung)
18. Colon irritabile
19. Divertikulitis
20. Erworbene Laktoseintoleranz (Laktosemalabsorption)
21. Fruktosemalabsorption
22. Glutensensitive Enteropathie (Zöliakie)
23. Kolektomie
24. Kurzdarmsyndrom

Gastrointestinaltrakt - Leber, Gallenblase, Gallenwege

25. Akute und chronische Hepatitis (Entzündung der Leber)
26. Cholelithiasis (Gallensteine)
27. Fettleber
28. Leberzirrhose

Gastrointestinaltrakt - Magen und Zwölffingerdarm

29. Akute Gastritis
30. Chronische Gastritis
31. Magenblutung
32. Ulcus ventriculi und Ulcus duodeni
33. Zustand nach Magenoperation

Gastrointestinaltrakt - Mundhöhle und Speiseröhre

34. Mundschleimhautentzündung
35. Ösophaguskarzinom (Speiseröhrenkrebs)
36. Reflüxösophagitis (Sodbrennen)

spezielle Krankheiten

37. Phenylketonurie (PKU)
38. Rheumatische Gelenkserkrankungen

Stoffwechsel
39. Adipositas (Übergewicht)
40. Diabetes mellitus
41. Essstörungen (Untergewicht)
Fettstoffwechsel
42. Hypercholesterinämie (erhöhter Cholesterinspiegel)
43. Hepatische Enzephalopathie
Herz- und Kreislauf
44. Arteriosklerose (Arterienverkalkung)
45. Herzinsuffizienz
46. Hypertonie (Bluthochdruck)
47. Hyperurikämie und Gicht
veränderter Nährstoffbedarf
48. bei Fieber
49. bei malignen Erkrankungen
50. nach Verbrennungen
51. Strahlen- und Chemotherapie

KREBS
100. Bauchspeicheldrüse
101. Blasenkrebs
102. Blutkrebs (Leukämie)
103. Brustkrebs
104. Darmkrebs
105. Magenkrebs
106. Nierenkrebs
107. Speiseröhrenkrebs

TCM
200. Blase - Feuchte Hitze in der Blase
201. Blase - Feuchtigkeit und Kälte in der Blase
202. Blase - Leere und Kälte in der Blase
203. Dickdarm - äussere Kälte befällt den Dickdarm
204. Dickdarm - Feuchte Hitze im Dickdarm
205. Dickdarm - Hitze blockiert den Dickdarm II akut
206. Dickdarm - Trockenheit des Dickdarms
207. Dickdarm - Yang Mangel (Kälte)
208. Herz - Blut Mangel
209. Herz - Blut Stagnation
210. Herz - Feuer
211. Herz - Heisser Schleim verstopft die Herzporen
212. Herz - Kalter Schleim verstopft die Herzporen
213. Herz - Qi Mangel
214. Herz - Yang Mangel
215. Herz - Yin Mangel
216. Leber - aufsteigender Leber-Yang
217. Leber - Blut-Mangel
218. Leber - Blut-Stagnation
219. Leber - feuchte Hitze in Leber und Gallenblase
220. Leber - Feuer
221. Leber - Gallenblase Qi-Leere
222. Leber - Kälte im Lebermeridian
223. Leber - Qi-Stagnation

224. Leber - Wind
225. Leber - Wind mit aufsteigendem Leber Yang
226. Leber - Wind mit Blutleere
227. Leber - Wind mit extremer Hitze
228. Lunge - Qi Mangel
229. Lunge - Schleim-Feuchtigkeit in der Lunge
230. Lunge - Schleim-Hitze in der Lunge
231. Lunge - Schleim-Kälte in der Lunge
232. Lunge - Trockenheit der Lunge
233. Lunge - Wind-Hitze befällt die Lunge
234. Lunge - Wind-Kälte befällt die Lunge
235. Lunge - Yin Mangel
236. Magen - Blutstagnation
237. Magen - Feuer
238. Magen - Magenkälte mit Flüssigkeit
239. Magen - Nahrungsstagnation
240. Magen - Qi Mangel
241. Magen - rebellierendes Magen Qi
242. Magen - Yin Leere
243. Milz - Hitze und Feuchtigkeit befällt die Milz
244. Milz - Kälte und Feuchtigkeit befällt die Milz
245. Milz - Qi Mangel
246. Milz - Qi Mangel + Absinkendes MilzQi
247. Milz - Qi Mangel + Milz kontrolliert das Blut nicht
248. Milz - Yang Mangel
249. Niere - Herz und Niere kommunizieren nicht mehr
250. Niere - Jing Mangel
251. Niere - Nieren können das Qi nicht empfangen
252. Niere - Qi ist nicht fest
253. Niere - Yang Mangel
254. Niere - Yin Mangel